MODERNEKONZEPTE
FÜRJAZZGITARRE

Innovative Techniken für Jazzgitarre mit dem Virtuosen Jens Larsen

JENS**LARSEN**

FUNDAMENTAL**CHANGES**

Moderne Konzepte für Jazzgitarre

Innovative Techniken für Jazzgitarre mit dem Virtuosen Jens Larsen

Veröffentlicht von **www.fundamental-changes.com**

ISBN: 978-1-78933-110-3

Copyright © 2018 Jens Larsen

Herausgegeben von Tim Pettingale

www.fundamental-changes.com

Twitter: @guitar_joseph

Über 10.000 Fans auf Facebook: **FundamentalChangesInGuitar**

Instagram: **FundamentalChanges**

Über 350 kostenlose Gitarrenlektionen mit Videos findest du auf

www.fundamental-changes.com

Copyright des Titelbildes: Shutterstock, Miguel Garcia Saavedra

Mit besonderem Dank an Anne Vornberger für die wertvolle redaktionelle Mitarbeit.

Inhaltsverzeichnis

Wie du dieses Buch benutzt

Willkommen zum ersten meiner beiden Bände über die moderne Technik für Jazzgitarre. Der Schwerpunkt dieser Bücher liegt darin, dich mit den notwendigen Techniken auszustatten, um ein modernes, Bop-beeinflusstes Jazz-Vokabular für Improvisationen aufzubauen.

In diesem Buch werden wir uns mit einer Reihe von verschiedenen Tonleitern befassen und wie man sie anwendet. Meiner Erfahrung nach ist es einfach, die Tonleiteroptionen für das Spielen über ein Musikstück nachzuschlagen, aber es ist viel schwerer zu lernen, diese effektiv einzusetzen. Dieses Buch ist voll von soliden Beispielen, die dir zeigen, *wie* du dieses Material beim Spielen anwenden kannst.

Jedes Kapitel gliedert sich in zwei Teile: Der erste Teil behandelt das musikalische Konzept, der zweite zeigt, wie man es anwendet, um Jazz-Linien zu kreieren. Ich werde einen kurzen theoretischen Überblick geben und Tonleiterübungen zum Üben demonstrieren, gefolgt von zehn Licks, die verschiedene Möglichkeiten zeigen, das Konzept auf die geläufige II V I Sequenz anzuwenden. Am Ende jedes Kapitels werden Hausaufgaben vorgeschlagen, um sicherzustellen, dass du alles, was du gelernt hast, gründlich aufnimmst.

Jedes Kapitel in diesem Buch ist in sich geschlossen, aber wenn dir moderne Jazzgitarre neu ist, schlage ich vor, dass du die Kapitel nacheinander durcharbeitest. Wenn du ein erfahrenerer Jazzer bist, der nach frischen Ideen sucht, kannst du jedes Kapitel erforschen und in deine Praxisroutine integrieren. Ein ebenso gültiger Ansatz ist es, mit dem Spielen einiger der Licks zu experimentieren und dann die zugrunde liegende Technik weiter zu studieren. Jazzmusiker scheinen die Dinge nicht linear zu lernen, also zögere nicht, Ideen in diesem Buch auszuwählen, die dir zusagen und zunächst an ihnen zu arbeiten.

Wie du ein Kapitel studierst

Um deinem Spiel eine neue Fertigkeit hinzuzufügen, muss daran gearbeitet werden, bis sie Teil deines musikalischen Vokabulars wird. Das ist etwas, was Schüler (und übrigens auch Profis) beim Üben oft falsch verstehen – sie nehmen sich nicht die Zeit neue Ideen wirklich „sacken" zu lassen. So solltest du jedes Kapitel studieren:

Nehmen wir als Beispiel Kapitel Fünf über die verminderte Skala. Der erste Abschnitt des Kapitels beschreibt die Skala und erklärt dann, wie du die verminderte Skala findest, um über einen bestimmten Akkord zu spielen. Nachfolgend findest du dann Beispiele für den Einsatz der Skala in einer musikalischen Situation. Das Material arbeitest du dann wie folgt durch:

1. Lies und absorbiere die Informationen über die Skala und wie du sie anwendest. Das sind wertvolle Informationen, die nicht überflogen werden dürfen!

2. Spiele die Linien und höre dir den Sound an, den die Skala über die Akkorde erzeugt, um die Skala dann wirklich zu einem Teil deines Vokabulars zu machen:

3. Schreibe deine eigenen Linien und wende die verminderten Skalendreiklänge an. Nutze die Ideen, um Melodien zu kreieren, die dir gefallen.

4. Arbeite an der Improvisation mit der Skala. Finde geeignete Backing-Tracks oder nimm deine eigenen auf und jamme dazu. Konzentriere dich darauf, wie die Skala einen Akkord mit einem anderen verbindet.

Komposition als Übung für Improvisationen

Wenn du mit meinem YouTube-Kanal (www.youtube.com/user/jenslarsen02) vertraut bist, wirst du wissen, dass ich oft Zeit damit verbringe, Linien zu komponieren und das Material das ich verwende zu variieren, während ich im Rubato-Stil improvisiere. Dieser Ansatz trägt wirklich dazu bei, die Fähigkeit zu entwickeln, musikalischer klingende Linien zu komponieren (und damit zu improvisieren). Es ist auch eine effektive Möglichkeit, um die melodischen Linien, die dir gefallen oder dir nicht gefallen zu erforschen. Linien zu spielen, die deinem Geschmack entsprechen, ist eine gute Möglichkeit, um deinen persönlichen Stil zu entwickeln und zu definieren.

Wenn du Licks als statische Blöcke lernst, kann es schwierig sein, sie in dein Spiel aufzunehmen. Es kann auch schwierig sein, die Ideen eines anderen zu übernehmen und sie so in dein Spiel zu integrieren, dass es natürlich klingt. Es ist nicht einfach, den richtigen Platz für sie zu finden und sie können auffallen – so in etwa als würdest du eine Zeile aus einem Shakespeare-Sonett zu etwas hinzufügen, das du geschrieben hast. Es ist unwahrscheinlich, dass auf diese Weise ein großes Gedicht entsteht!

Deshalb ist es hilfreich, eine Idee aufzunehmen und zu variieren. Nimm meine Ideen und ändere sie auf subtile Weise bis sie nach dir klingen. Dies wird dir helfen, die Ideen mit dem Rest deines Spiels zu verbinden.

Ein hilfreicher nächster Schritt ist es, eine Idee zu nehmen und zu hören, wie sie über eine Melodie klingt, die du sehr gut kennst. Danach probiere es bei einer Melodie aus, die du nicht so gut kennst. Vergiss nicht die Ideen auf verschiedene Tonarten zu übertragen und in verschiedenen Oktaven zu spielen.

Hol dir das Audio

Die Audiodateien zu diesem Buch stehen unter **www.fundamental-changes.com.** zum kostenlosen Download zur Verfügung. Der Link befindet sich oben rechts in der Ecke. Wähle einfach diesen Buchtitel aus dem Dropdown-Menü aus und folge den Anweisungen, um das Audio zu erhalten.

Wir empfehlen dir die Dateien direkt auf deinen Computer herunterzuladen, nicht auf dein Tablet, und sie dort zu extrahieren bevor du sie zu deiner Medienbibliothek hinzufügst. Du kannst sie dann auf dein Tablet oder deinen iPod kopieren oder auf CD brennen. Auf der Download-Seite gibt es ein Hilfe-PDF und wir bieten auch technischen Support über das Kontaktformular.

Hol dir jetzt kostenlos dein Audio.

Gehe mit einem Computer auf

www.fundamental-changes.com/download-audio

Es macht das Buch lebendig und du wirst viel mehr lernen!

Wenn du ein Problem hast, melde dich bitte, bevor du eine negative Bewertung schreibst:

response@fundamental-changes.com

Die sehr wenigen negativen Bewertungen, die wir erhalten, basieren in der Regel auf Audio/technischen Problemen, die wir schnell für dich lösen können!

Kindle / eReader

Um das Beste aus diesem Buch herauszuholen, denke daran, dass du **auf jedes Bild doppelklicken** kannst, **um es zu vergrößern**. Schalte die Spaltenansicht aus und halte deinen Kindle im Querformat.

Für über 350 kostenlose Gitarrenlektionen mit Videos besuche:

www.fundamental-changes.com

Twitter: **@guitar_joseph**

Über 10.000 Fans auf Facebook: **FundamentalChangesInGuitar**

Instagram: **FundamentalChanges**

Kapitel Eins – Ohne Alteration oder Durchgangsnoten

In diesem Kapitel geht es um Linien, die nur mit der Dur-Tonleiter gespielt werden können. Alle Beispiele stehen in der Tonart C-Dur.

Vielleicht denkst du jetzt: „Das ist ein modernes Jazz-Technikbuch, warum beginnen wir mit der Dur-Tonleiter?" Aber es gibt zwei gute Gründe! Erstens, die modern klingenden Linien, die wir im Laufe des Buchs spielen werden, sind alle auf die eine oder andere Weise von der Dur-Tonleiter abgeleitet. Zweitens gibt es eine Fülle von harmonischem Material in der elementaren Dur-Tonleiter mit dem man moderne Klänge erzeugen kann, indem man Substitutionsideen und andere Konzepte verwendet, die wir zu gegebener Zeit behandeln werden. Vieles, was man im Jazz hört, stammt von der Dur-Tonleiter und nicht von exotischen oder alterierten Tonleitern.

Die Dur-Tonleiter

Beginnen wir mit der Konstruktion der elementaren Dur-Tonleiter. Hier ist die C-Dur-Tonleiter in einem geläufigen Drei-Töne-pro-Saite-Muster, das auf der 8. Position beginnt.

Beispiel 1a - C Dur-Tonleiter

Beim Gitarrenlernen liegt der Schwerpunkt oft darauf, sich Tonleitermuster zu merken, richtig zu greifen und effizient die Saiten anzuschlagen – und nicht darauf, welche Noten tatsächlich gespielt werden. Um weiter fortzuschreiten ist es jedoch sehr wertvoll die Noten zu kennen, um über Akkordwechsel zu spielen und bestimmte Akkordtöne hervorzuheben. Selbst fortgeschrittene Gitarristen wissen oft nicht, welche Noten sie die *ganze* Zeit spielen, also empfehle ich dir, die Noten zu lernen und dir die Tonleiter in all ihren Positionen am Hals zu merken.

Linien zu spielen, die eng mit den begleitenden Akkorden verbunden sind, macht einen großen Teil des Jazz aus. In dieser Hinsicht gibt es keine Magie, um tollen Jazz zu erschaffen, sondern nur harte Arbeit! Deine Zeit verbringst du am besten damit mit den Werkzeugen aus diesen Kapiteln interessante Melodien zu erstellen und nicht Tonleitern auf uninspirierte Weise auf und ab zu spielen. In 99 % der Fälle verwenden die großen Jazzgitarristen auf ihren Platten einfache Skalen und Arpeggien. Es ist ihre Fähigkeit, großartige Musik aus einer einfachen Idee zu machen, die sie von anderen unterscheidet.

In diesem Sinne, lass uns einen Blick auf die vier wichtigsten Ansätze werfen, die Jazz-Gitarristen verwenden, wenn sie diatonische Ideen über Akkordwechsel spielen.

Zusammen mit den geradlinigen Tonleiterlinien sind dies folgende Ansätze:

- Dreiklänge

- Arpeggien

- Coltrane-Patterns

- Quarten-Voicings

Ein fundiertes Wissen darüber, wie Akkorde aufgebaut sind und wie sie sich zueinander verhalten, eröffnet viele Möglichkeiten, Single-Note-Melodien zu spielen. Wir beginnen mit einem Blick auf die grundlegenden Dreiklänge und Arpeggien, da sie für alles im Jazz von grundlegender Bedeutung sind und gehen dabei auf Coltrane-Patterns und Quarten-Patterns ein. Keine Panik! Diese Konzepte sind einfach verschiedene Möglichkeiten, diatonische Tonleitern aufzubrechen und helfen dir dich vom Spielen linearer Melodien zu lösen.

Dreiklänge

Akkorde und Arpeggien werden aus der Dur-Tonleiter durch „Schichten" von Terzintervallen gebildet. Die grundlegendste Form eines Arpeggios ist ein Dreiklang. Ein Dreiklang ist eine starke melodische Struktur, weil er den Klang eines Akkords deutlich zum Ausdruck bringt. Beispiel 1b zeigt die C-Dur-Tonleiter, die in diatonischen Dreiklängen gespielt wird.

Beispiel 1b – Diatonische Dreiklänge in C-Dur

Dreiklänge sind wichtig für den Klang des modernen Jazz, weil sie es uns ermöglichen, größere Intervalle zu spielen, die weniger tonleitermäßig sind. Gitarristen spielen oft Dreiklänge von ihren Grundtönen aus, d. h. Grundton, Terz, Quinte (oder 1 3 5), weil der Grundton auf der Gitarre leicht zu finden ist. Das führt aber zu vorhersehbaren klingenden Linien.

Das Spielen von Dreiklangideen erzeugt in der Regel sehr starke Melodien und um sie interessanter zu gestalten, können wir Dreiklänge in anderen Reihenfolgen spielen. Anstatt ein 1 3 5 Muster zu spielen, können wir 3 5 1, 3 1 5 oder 5 1 3 verwenden.

Nachstehend sind die gleichen C-Dur diatonischen Dreiklänge wie Beispiel 1b, aber mit einem 3 1 5 Muster gespielt.

Beispiel 1c – Diatonische Dreiklänge in C-Dur 3 1 5 Muster

Beachte, dass das Spielen der Dreiklänge im obigen Beispiel weniger wie eine Übung, sondern vielmehr wie eine musikalische Idee klingt. Spiele die Übung oben mehrmals durch, um den Klang in deine Ohren zu bekommen. Das ist eine sehr gute Möglichkeit, deine Tonleitern kennenzulernen und dein Gehör zu trainieren, um Intervalle zu erkennen.

Das nächste Beispiel zeigt die diatonischen Dreiklänge in C-Dur, die ab der 5. statt des Grundtons in einem 5 1 3 Muster gespielt werden.

Beispiel 1d – Diatonische Dreiklänge in C-Dur 5 1 3 Muster

Dies erzeugt wieder einen anderen Klang und schlägt neue Wege vor, wie die Dreiklänge für melodische Linien genutzt werden können.

Die Beispiel-Licks später in diesem Kapitel veranschaulichen, wie Dreiklänge für das Solospiel verwendet werden können.

Diatonische 7. Arpeggien

Das Hinzufügen der 7. Note der Tonleiter (Septime) zu einem Dreiklang erzeugt diatonische 7. Akkorde (dargestellt in Beispiel 1c). Das erweitert das Material, das wir für melodische Improvisationen verwenden können und ist zudem hilfreich, um Linien zu erzeugen, die die darunter liegenden Akkorde stark suggerieren.

Das Verständnis, wie sich diese diatonischen 7. Akkorde zueinander verhalten, schafft weitere Möglichkeiten, dein Jazz-Vokabular zu erweitern.

Nehmen wir zum Beispiel einen Fmaj7-Akkord. Wenn du über diesen Akkord improvisierst, kannst du ein Fmaj7-Arpeggio verwenden. Du kannst aber auch nach Arpeggien suchen, die Noten mit Fmaj7 gemeinsam haben. Der häufigste Kandidat ist derjenige, der auf der Terz (A) gefunden wird - Am7. Fmaj7 und Am7 haben drei Noten gemeinsam. Das Am7-Arpeggio enthält bis auf den Grundton F die gleichen Noten wie Fmaj7. Das Mischen dieser Arpeggien beim Improvisieren gibt dir mehr Möglichkeiten, musikalische Farben zu erzeugen.

Beispiel 1e geht durch alle diatonischen 7. Arpeggien in C-Dur. Diese Übung ist so gestaltet, dass alle Arpeggien in einem Bereich des Griffbretts eng zusammen sind. Wenn du sie auf diese Weise spielst, prägt sich ihr Klang weiter ein und hilft dir auch, zu sehen, wie sie miteinander verbunden sind.

Übungstipp: Eine kurze Nebenbemerkung: Wenn du dich mit einem Jazz-Standard vertraut machen willst, ist es ein guter Anfang, das ganze Stück nur mit 7. Arpeggien zu spielen. Dies wird dir helfen, zu hören, wohin die Harmonie geht und es dir ermöglichen, mehr melodische Soli beim Improvisieren zu spielen.

Beispiel 1e – Diatonische 7. Akkord-Arpeggien in C-Dur:

Wir haben sowohl diatonische Dreiklänge als auch diatonische Arpeggien für die Improvisation zur Verfügung. Das bedeutet, dass du weit mehr als ein G7-Arpeggio über einen G-Akkord spielen kannst. Tatsächlich ist es eine sehr gebräuchliche Option, ein Bm7b5-Arpeggio über einen G7-Akkord zu spielen, um ein *Upper Structure*-Voicing zu erzeugen.

Jazzmusiker spielen oft ein neues Arpeggio ausgehend von einer beliebigen Note im darunter liegenden Akkord. Wenn der zugrunde liegende Akkord beispielsweise G7 ist (der die Noten G, B, D und F enthält), spielen wir Arpeggien von der Terz (B), Quinte (D) oder sogar der Septime (F) aus.

Schau dir Beispiel 1e noch einmal an. Finde den G7-Akkord. Schau dir die Arpeggien an, die mit den Arpeggio-Noten von G7 gebildet werden:

- Bm7b5

- Dm7

- FMaj7

Dies zeigt uns, dass wir ein Bm7b5 Arpeggio auf der Terz (B), ein Dm7 auf der Quinte (D) und ein FMaj7 auf der kleinen Septime (F) spielen können.

Die Verwendung von Arpeggien aus den höheren Akkordtönen des G7 Akkords, wie der 5. und 7., bedeutet, dass wir fundamentale Töne wie die 3. verpassen und uns daher leicht vom Klang des Akkords entfernen. Aber gleichzeitig fügen wir durch die Verwendung dieser Arpeggien weitere interessante Erweiterungen hinzu.

Die folgende Tabelle zeigt dir, wie diese Substitutionen die Melodienoten beeinflussen.

Upper-Structure-Arpeggien zum Spielen über G7

	1	3	5	7	9	11	13
G7	G	B	D	F			
Bm7(b5)		B	D	F	A		
Dm7			D	F	A	C	
FMaj7				F	A	C	E

Wie du sehen kannst, führt das Spielen eines m7b5-Akkords auf der Terz eines Dominant-7-Akkords dazu, dass wir das Spielen des Grundtons (G) vermeiden und die reich klingende 9. hinzufügen. Das Spielen eines Arpeggios auf der 3. des Akkords ist eine der häufigsten Anwendungen von Arpeggien im Jazz. Es klingt so gut, dass viele Musiker es immer anstelle des ursprünglichen Arpeggios verwenden.

Wenn du die höheren Töne im Akkord benutzt, also Arpeggien auf den höheren Noten (5. und 7.) spielst, fügst du weniger Noten aus dem ursprünglichen Akkord bei. Dann musst du etwas vorsichtiger sein.

Später werden wir die Arpeggien ansehen, die wir bei Moll-Septakkorden und Dur-Septakkorden verwenden können.

Diatonische Licks

Basierend auf den oben diskutierten Konzepten, spielen wir jetzt einige Linien über die II V I Sequenz. Alle diese Linien stammen aus der C-Dur-Tonleiter und es werden keine Alterationen oder zusätzliche Durchgangsnoten benutzt. Wir müssen etwas härter arbeiten, um ohne solche Mittel jazzig zu klingen, aber es ist möglich! Wir spielen durchweg über jeden Akkord Töne aus der C-Dur-Tonleiter, aber wir werden immer ein Bewusstsein für die Harmonie haben und Töne wählen, die gut funktionieren.

Beispiel 1f verwendet ein Fmaj7-Arpeggio über dem Dm7-Akkord (eine Substitution auf der 3. des Arpeggios). Ein Bm7b5 Arpeggio wird auf dem G7-Akkord gespielt. Dies veranschaulicht die oben beschriebene Technik, bei der ein diatonisches Arpeggio auf der 3. des zugrunde liegenden Akkords gespielt wird und die von vielen modernen Jazzgitarristen wie Jonathan Kreisberg eingesetzt wird.

Dieser Lick veranschaulicht auch ein häufig verwendetes Konzept, bei dem eine Melodie mit einem aufsteigenden Arpeggio und einem absteigenden Tonleiterlauf erzeugt wird.

Beispiel 1f

Im nächsten Beispiel ist die melodische Linie so konstruiert, dass die Arpeggien nahtlos miteinander verbunden sind. Das Ende des ersten Arpeggios umkreist den Anfang des nächsten Arpeggios, um einen sanften Übergang zu erzeugen.

Am7- und Fmaj7-Arpeggio-Substitutionen (diatonische Arpeggien von der 5. und 3. des Akkords) werden über den Dm7-Akkord im Stil von Kurt Rosenwinkel gespielt.

Die Linie, die über dem G7 gespielt wird, ist eine Kombination aus zwei Standardphrasen und erfordert eine ausführlichere Erklärung:

Der erste Teil dieser Phrase verwendet eine Technik, die als *Coltrane-Pattern* bekannt ist. Coltrane hat den Ansatz gemeistert, Akkorde mit Vier-Noten-Gruppierungen anzudeuten. So konnte er durch Takte navigieren, die zwei Akkorde enthalten und die in einem schnellen Tempo gespielt werden. Er benutzte ein 1 2 3 5 Muster (die erste, zweite, dritte und fünfte Tonstufe der Tonleiter) und variierte die Reihenfolge der Sequenz, um verschiedene Melodien zu erzeugen. Hier spiele ich es umgekehrt über den G7-Akkord: 5 (D), 3 (B), 2 (A) und 1 (G). Coltrane-Patterns sind eine nützliche Möglichkeit, skalische Linien aufzubrechen und Interesse zu wecken, während man diatonisch spielt.

Der zweite Teil der Phrase verwendet ein Dm7-Arpeggio und löst sich zur 3. (E) von Cmaj7 auf. Über den Cmaj7-Akkord geht das Lick mit einem E-Moll-Pentatonik-Tonleiterlauf weiter (das funktioniert gut, da es ähnlich zum Spielen einer Substitution auf der 3. des Akkords ist), bevor er auf der 7. (B) von Cmaj7 endet. Ich finde, der einfachste Weg, um dies zu spielen ist ein Pull-Off und Slide wie unten gezeigt. Aber experimentiere damit, es auf eine Weise zu spielen, die für dich bequem ist.

Dieses Beispiel mag recht einfach zu spielen erscheinen, ist aber reich an harmonischen Informationen. Ich schlage vor, einige der oben genannten Substitutionen zu nehmen und sie über einen statischen Akkord zu üben, bevor du weitermachst. So hörst du die verschiedenen Spannungen, die die Substitutionen erzeugen.

Beispiel 1g

Beispiel 1h verwendet die D-Moll-Pentatonik in Takt 1. Dies mag eine naheliegende Wahl sein, um über Dm7 zu spielen, aber sie kann sehr effektiv genutzt werden. Wenn du dir die Noten der D-Moll-Pentatonik wie ein Arpeggio vorstellst, bilden sie einen Dm7add11-Akkord:

D	F	G	A	C
1	3	11(oder 4)	5	7

Über den G7-Akkord stammen die Noten von einem Bm7b5-Arpeggio. Denke daran, dass du nicht immer Arpeggien vom Grundton aus spielen musst – du kannst die Reihenfolge der Noten ändern, um neue Melodien zu finden.

Die Linie löst sich über dem Cmaj7-Akkord mit einem Stapel von Quarten auf, um den Klang eines Cmaj7add13-Akkords zu beschreiben, was etwas komplexer klingt. (Wir werden die Quartenharmonik etwas später besprechen).

Beispiel 1h

Takt 1 von Beispiel 1i verwendet ein „Shell Voicing" Fmaj7-Arpeggio über dem Dm7 Akkord, kombiniert mit einem einfachen D-Moll-Dreiklang.

Ein Shell-Voicing ist ein Akkord-Voicing, das nur Grundton, Terz (3.) und Septime (7.) verwendet. Jazzmusiker verwenden oft nur zwei Noten, um den Klang eines Akkords zu definieren, wie z. B. Grundton und 3., Grundton und 7. oder 3. und 7. ohne Grundton. Durch das Spielen solcher Linien ohne exotische Noten muss man sich mehr bemühen, um eine starke Melodie zu erzeugen.

Über dem G7-Akkord löst sich ein einfacher Tonleiterlauf zur Terz (E) von Cmaj7 auf. Es ist gut, einige Tonleiterläufe in dein Spiel aufzunehmen. Das war das Hauptmaterial von Hardbop und Bebop vor Coltranes Zeit. Nach der Auflösung auf das E gibt es eine weitere Schichtung von 4. und das Lick endet auf der 9. (D) von Cmaj7.

Beispiel 1i

Traditionell werden Akkorde gebildet, indem Terzintervalle gestapelt werden. Zum Beispiel bilden die Noten C, E, G und B Cmaj7. Es ist aber auch möglich, Akkorde in Quartenintervallen zu stapeln, z. B. C, F, B und E. Das Stapeln von Noten in 4. ist als *Quarten*harmonik bekannt und wurde im Jazz von Miles Davis während seiner modalen Ära populär gemacht.

Quartenharmonik hat eine offene, undefinierte Qualität, die an den modernen Jazz erinnert. (Ein klassisches Beispiel dafür ist der Pianist McCoy Tyner auf John Coltranes Aufnahmen). Frühe Aufnahmen von Herbie Hancock und Chick Corea nutzten auch Quarten-Voicings.

Man könnte viele Bücher darüber schreiben. Kurz gesagt, reicht es aber, zu wissen, dass es möglich ist, die meisten traditionellen Jazzakkorde durch Quarten-Voicings zu ersetzen.

Das folgende Beispiel verwendet absteigende Quarten-Voicings über dem Dm7-Akkord. Über dem G7-Akkord sind die Quarten-Voicings durch ein G7-Arpeggio getrennt. Denke daran, dass alles noch diatonisch zur Tonika, der C-Dur-Tonleiter, ist.

Beispiel 1j

Beispiel 1k verwendet einen D-Moll-Dreiklang, gefolgt von einem Tonleiterlauf. Ein Bmb5 (1 b3 b5) Shell-Voicing wird über dem G7-Akkord gespielt. Die Linie geht mit einem absteigenden Tonleiterlauf weiter, der zur 3. von Cmaj7 auflöst. Die kurze Linie über dem Cmaj7 stammt aus einem Em7-Arpeggio.

Beispiel 1k

Du kannst auch ein Arpeggio auf der 5. Stufe eines Akkords spielen. Beispiel 11 verwendet ein Am7-Arpeggio über dem Dm7-Akkord und kombiniert es mit einem F-Dur-Dreiklang. Anfangs enthält das Am7-Pattern keine Terz und klingt dadurch immer noch wie eine D-Moll-Melodie. Später wird aber die Note F in der Linie hinzugefügt.

Die folgende Tabelle ist eine einfache Möglichkeit, um zu zeigen, wie sich die Noten / Intervalle dieser drei Akkorde auf einem Moll-7-Akkord zueinander verhalten. Experimentiere, indem du dich selbst aufnimmst, während du einen statischen Akkord spielst und improvisiere dann darüber mit allen drei Arpeggien.

Was diese Tabelle zeigt, ist, dass man mit Dm7, Fmaj7 und Am7 Arpeggien über einen Dm7-Akkord improvisieren kann. Die Arpeggien Fmaj7 und Am7 fügen deinen melodischen Linien verschiedene Erweiterungen hinzu. Wenn du dich weiter vom ursprünglichen Akkord entfernst, haben die Arpeggien weniger mit der zugrunde liegenden Harmonie zu tun. Das am häufigsten verwendete Arpeggio ist das Arpeggio auf der Terz (in diesem Fall Fmaj7), das dir den Zugriff auf die 3. – 9. Intervalle erleichtert.

Upper-Structure-Arpeggien zum Spielen über Dm7

	1	3	5	7	9	11
Dm7	D	F	A	C		
FMaj7		F	A	C	E	
Am7			A	C	E	G

Über dem G7-Akkord in Beispiel 11 gibt es eine kaskadierende Arpeggio-Idee, die sich durch Bm7b5 und G7-Arpeggien bewegt (Bm7b5 über G7 zu spielen ist wieder das Arpeggio von der 3. aus). Beide werden in der ersten Umkehrung gespielt, so dass der Grundton die höchste Note ist. Durch die Verwendung von Hammer Ons und durch das Layout der Arpeggien ist diese Linie am einfachsten mit einer Kombination von Legato und kleinen Sweeps zu spielen. Wenn du die Linie mit diesen Techniken spielst, solltest du in der Lage sein, den Kaskadierungseffekt auch bei höheren Tempi zu erreichen.

Beispiel 1l

Beispiel 1m beginnt mit einer Coltrane-ähnlichen „1 2 3 5"-Intervall-Linie, die du in deinem Vokabular haben musst! Es veranschaulicht eine nützliche Möglichkeit, einen Dreiklang in ein Vier-Noten-Pattern zu verwandeln, das einen halben Takt umfasst.

Die Linie setzt sich mit einem Quarten-Arpeggio auf der Note G fort. Das Quarten-Arpeggio ist eine gute Möglichkeit, einen Dm11-Sound anzudeuten, da es die 11. (G), 7. (C) und 3. (F) enthält.

Über dem G7 befindet sich eine Idee, die einen G13-Sound umreißt. Diese Idee stammt von einem Drop 2-Voicing der G13-Akkordform, wobei auf jeder Saite eine zusätzliche Note hinzugefügt wurde – eine Technik, die es dir ermöglicht ein Zwei-Noten-pro-Saiten-Arpeggio zu erzeugen. Ich schlage vor diese Form zu erlernen und sie als eigenständigen Klang zu verwenden.

Die Linie löst sich zur Terz (E) von Cmaj7 auf und steigt dann in Form eines Quarten-Arpeggio auf.

Beispiel 1m

Die nächsten Beispiele verwenden ein Akkord-Voicing von Dm7 und nutzen wirkungsvoll eine kleine Anzahl von Noten. Dieses Lick zeigt auch eine gängige Regel für das Schreiben von Kontrapunkt-Melodien: Eine Reihe von großen aufsteigenden Intervallen wird mit einer schrittweisen Bewegung in die entgegengesetzte Richtung aufgelöst.

Nicht alle Kontrapunkt-„Regeln" gelten für den Jazz, aber viele gelten doch und es ist hilfreich, dies zu berücksichtigen, wenn man starke Melodien kreieren will. Diese Idee taucht so oft in Charlie Parkers Spiel auf, dass man vermuten könnte, dass er das Thema studiert hat!

In Beispiel 1n betont die Linie über dem G7 Akkord zuerst die Note C und löst dies dann bei Taktschlag 3 in ein B auf, um eine klare G7sus4 zu G7-Bewegung zu erzeugen. Die Linie setzt sich mit einer G7-Arpeggio-Umkehrung fort, die sich zur Terz (E) von C auflöst.

Beispiel 1n

Die letzte Linie in diesem Kapitel ist zur Abwechslung höher auf dem Griffbrett. Sie verwendet F-Dur und A-Moll Dreiklang-Arpeggien über Dm7. Der F-Dur-Dreiklang wird aufsteigend gespielt, während der A-Moll-Dreiklang einem 3 1 5 3 Muster folgt.

Zu Beginn des zweiten Taktes verwende ich ein Dm7-Arpeggio über dem G7-Akkord, gefolgt von einem Tonleiterlauf, bevor die Linie sich zur 7. (B) von Cmaj7 auflöst.

Die folgende Tabelle zeigt, wie diese Arpeggien zueinander in Beziehung stehen. In Beispiel 1n habe ich mich bewusst für den G7sus4-Klang entschieden, aber die Linie ist skalischer und die Note C löst sich stark zum B im Cmaj7-Akkord auf.

Upper-Structure-Arpeggien zum Spielen über G7

	1	3	5	7	9	11
G7	G	B	D	F		
Bm7(b5)		B	D	F	A	
Dm7			D	F	A	C

Beispiel 1o

Übe die Verwendung von Dm7 über G7 indem du einen statischen Akkord spielst und die in der obigen Tabelle aufgeführten Arpeggien darüber legst. Das Einzige, was du hier beachten solltest, ist sorgfältig zu wählen, wann du die Note C verwendest. Wenn du ein C über einen G7-Akkord spielst, wird ein G7sus4-Klang angedeutet. Dies mag in einigen Fällen wünschenswert sein, in anderen aber nicht.

Kapitel-Hausaufgaben

Schreibe fünf oder mehr Licks oder ein kurzes Solo über die II V I Sequenz mit:

- Dreiklängen oder Arpeggien, die wie in Beispiel 1e aneinander gereiht sind.

- Diatonischen Dreiklängen oder Arpeggien in Sequenzen.

- Dreiklangumkehrungen.

- Verwendung des Arpeggios auf der 3. oder 5. des Akkords.

- Der pentatonischen Tonleiter vom Grundton eines II- oder VI-Mollakkords aus oder von der 3. des I-Akkords (z. B. E-Moll-Pentatonik über Cmaj7).

- Quartenformen, Akkord-Voicings mit zusätzlichen Noten oder Shell-Voicings.

- Coltrane-Patterns (1 2 3 5 auf einem Dur-Akkord, 1 b3 4 5 auf einem Moll-Akkord).

Wenn du mit diesen Ideen arbeitest, denke daran, dich mehr auf die Melodie als auf das Arpeggio zu konzentrieren, das du verwendest. Experimentiere mit verschiedenen Patterns, Sequenzen und Umkehrungen und verwende natürlich auch Dinge, die du schon kannst und die bereits Teil deines Vokabulars sind. Alle diese Ideen werden sich als wertvoll erweisen, wenn du sie auf das Material im Rest dieses Buches anwendest.

Kapitel Zwei – Chromatische Enclosures

Die Verwendung von Chromatik ist eine wunderbare Möglichkeit, deinem Soli einen Touch Bebop-Jazz hinzuzufügen. In diesem Kapitel werde ich erklären, wie man chromatische Durchgangsnoten zur Dur-Tonleiter hinzufügt und zudem chromatische Enclosures vorstellen. Beide Techniken helfen dir, den Bebop-/Hardbop-Sound in deinen melodischen Linien einzufangen.

Am besten siehst du Chromatik als eine Technik an, um „Zielnoten" hervorzuheben. Chromatische Noten sind keine Tonleitertöne, so dass sie isoliert betrachtet deplatziert klingen. Wenn sie jedoch verwendet werden, um auf eine Note abzuzielen, die in der Tonleiter liegt, sind sie eine gute Möglichkeit, um Spannung und Auflösung einzubringen. Genau deshalb sprechen sie unsere Ohren in Soli an: Eine chromatische Note ist eine „Überraschung", die irgendwo hinführt. Wir können hören, dass sie aufgelöst werden muss und dass es unsere Ohren zufrieden stellt, wenn sie das tut!

Hinzufügen chromatischer Durchgangsnoten zu einer Tonleiter

Um diese Technik zu demonstrieren, verwenden wir die C-Dur-Tonleiter, die in Beispiel 2a gezeigt wird.

Beispiel 2a - C Dur-Tonleiter

Ich habe eine Methode, um chromatische Noten hinzuzufügen, die für dich überraschend sein mag. Aber sie klingt gut und funktioniert. Diese Methode habe ich vom Jazzpianisten Barry Harris während einer seiner Workshops am Royal Conservatoire in Den Haag gelernt.

So können chromatische Noten zwischen den Tonleiternoten hinzugefügt werden:

- Wenn es zwischen den Tonleiternoten ein Ganztonintervall gibt, spiele einen Halbton dazwischen. Füge beispielsweise ein G# zwischen den Noten G und A in der C-Dur-Tonleiter hinzu.

- Wenn es zwischen den Tonleiternoten ein Halbtonintervall gibt, dann spiele die Tonleiternote über der höheren Note. Z. B. ist zwischen E und F in der C-Dur-Tonleiter ein Halbton, also füge ein G hinzu – den Ton über F in der Tonleiter.

Dies wird im Folgenden in Beispiel 2b veranschaulicht.

Beispiel 2b – Zwei Arten von Annäherungsnoten

Zusammenfassend lässt sich sagen, dass wir eine chromatische Note zwischen allen Noten in der C-Dur-Tonleiter hinzufügen können. Das bedeutet, dass wir 1/8-Noten-Jazzlinien spielen können, die auf einer Tonleiternote beginnen und dafür sorgen, dass alle starken Akkordtöne auf den Taktschlag und die chromatischen Durchgangsnoten auf den Off-Beat fallen. Dies ist nützlich, da im Hardbop/Bebop-Jazz chromatische Noten in der Regel auf den Off-Beats platziert werden.

Die Beispiele 2c und 2d zeigen die C-Dur-Tonleiter mit eingefügten chromatischen Noten. Es wird für dich hilfreich sein, diese Patterns zu erlernen, aber auch mit ihnen zu experimentieren und verschiedene Übergangspunkte und Möglichkeiten zum Hinzufügen der Durchgangsnoten zu finden.

Überlegungen zur Technik und Phrasierung

Ich neige dazu, diese Übungen mit einer Legato-Technik mit vielen Hammer-Ons, Pull-Offs und Slides zu spielen. Versuche eine chromatische Note anzuschlagen und dann mit einer Legato-Bewegung auf die folgende Note aufzulösen. Dies sollte zu einer schönen Phrasierung führen, weil die Übergangsnote betont wird und die Tonleiternote weicher ist. Um diesen Ansatz zu unterstützen, versuche ich Durchgangs- und Tonleiternoten wenn möglich auf derselben Saite zu spielen.

Beispiel 2c - Aufsteigende C-Dur-Tonleiter mit Annäherungsnoten

Beispiel 2d - Absteigende C-Dur-Tonleiter mit Annäherungsnoten

Chromatische Zwei-Noten-Enclosures

Ein chromatisches Enclosure ist eine kurze Phrase, die Tonleitertöne und chromatische Durchgangsnoten kombiniert, um eine Zielnote hervorzuheben. Stell es dir so vor: Du willst eine bestimmte Note hervorheben, sie aber mit anderen Noten umgeben, die zu ihr führen. Im Jazz können Enclosures in der Länge von zwei bis zehn Noten variieren. Dies ist ein wichtiger Teil von Pat Methenys Stil und du wirst hören wie er ganze Takte mit chromatischen Enclosures füllt.

Betrachten wir einige einfache Zwei-Noten-Enclosures. Das Konzept besteht darin, für jede Note eines C-Dur-Dreiklangs eine chromatische Note darunter und eine diatonische Note darüber zu spielen. Beispiel 2e zeigt, wie dies für eine C-Dur-Dreiklang in der 8. Position klingt.

In den ersten beiden Takten dieses Licks wird zuerst die chromatische Note, gefolgt von der diatonischen Note und dann der Dreiklangsnote gespielt. Die nächsten beiden Takte drehen diese Sequenz um – zuerst wird die diatonische Note gespielt, dann die chromatische Note, dann die Dreiklangsnote. Beide Versionen klingen gut, also kannst du entscheiden, was dir lieber ist.

Beispiel 2e – Chromatische Enclosures auf einem C-Dur-Dreiklang

Nun lass uns diese Idee erweitern und die beiden anderen Akkorde in unsere II V I Sequenz aufnehmen. Beispiel 2f zeigt chromatische Enclosures für D-Moll- und G-Dur-Dreiklänge.

Beispiel 2f – Chromatische Enclosures auf D-Moll- und G-Dur-Dreiklängen

Chromatische Vier-Noten-Enclosures

Mit den Vier-Noten-Enclosures können wir diese Idee noch einen Schritt weiter bringen. Sie sind im modernen Jazz sehr verbreitet, da sie eine einfache Möglichkeit bieten, den einfachen Jazz-Groove zu betonen, bei dem die „schweren" Beats auf die 1 und die 3 fallen. Da mehr Noten gespielt werden, kann es mehr Permutationen der Sequenz geben. Beispiel 2g veranschaulicht fünf sehr gebräuchliche Ansätze.

Beispiel 2g – Fünf Beispiele für 4-Noten-Enclosures

Beispiel-Licks mit diesen Konzepten

Im Folgenden zeige ich dir zehn Linien, die die in diesem Kapitel besprochenen Ideen verwenden. Das erste Beispiel verwendet „Durchgangsnoten"-Chromatik, die mir von Barry Harris beigebracht wurde. Der erste Takt enthält zwei Durchgangsnoten über dem Dm7-Akkord. Ein G wird zwischen den Noten F und E und ein Eb wird zwischen den Noten E und D platziert. Von dort aus geht die Linie mit einem absteigenden Dm7-Arpeggio - C bis A, weiter. Nachdem das A gespielt wurde, wird eine A#-Durchgangsnote verwendet, um das B zu erreichen, das auf Taktschlag 1 des zweiten Taktes fällt. Über dem G7-Akkord befindet sich ein verminderter B-Dreiklang, gefolgt von der gleichen Durchgangsnoten-Idee, die sich in ein E über dem Cmaj7-Akkord auflöst.

Beispiel 2h

Im nächsten Beispiel werden ein Am7-Arpeggio und ein F-Dur 1 2 3 5 Coltrane-Pattern über dem Dm7 Akkord gespielt. Die Verwendung der Noten E und G aus dem Am7-Arpeggio könnte man sich als chromatische Enclosures vorstellen.

Das Spielen des Arpeggios von der 5. Stufe des Moll-Septakkords aus erzeugt einen schönen Klang über einen II-Akkord. Aber man könnte auch erwägen, die 3. des Dm7-Akkords hinzuzufügen, da diese Note nicht im Arpeggio enthalten ist. Das Hinzufügen der Terz hilft den Klang des darunter liegenden Akkords klar zu definieren.

Chromatische Durchgangsnoten werden über dem G7-Akkord verwendet. Ausgehend von einem D auf dem 10. Bund zielen chromatische Noten auf das B bei Taktschlag 3. Ab dem B ist der Rest des Taktes ein absteigendes G7-Arpeggio. Die letzten beiden Noten umschließen genau die Terz (E) von Cmaj7. Eine Permutation des 1 2 3 5 Coltrane-Patterns wird über den Cmaj7 Akkord gespielt.

Beispiel 2i

Das Spielen eines Arpeggios von der 3. eines Akkords ist ein nützliches Mittel, um charakteristische Bebop-Linien zu erzeugen. Das folgende Beispiel verwendet ein Fmaj7-Arpeggio in Takt 1, das auf der dritten Stufe des Dm7-Akkords aufgebaut ist. Eine Durchgangsnote am Ende des Taktes führt in Takt 2 und zielt auf die Note B, der Terz des G7-Akkords. Der Rest des zweiten Taktes ist ein G7-Arpeggio, das über eine chromatische Durchgangsnote bis zur 9. des Akkords (A) springt und zur 3. von Cmaj7 aufgelöst wird. Die Linie endet mit einer kurzen diatonischen Melodie, die auf der 7. des Cmaj7 (B) endet.

Beispiel 2j

Die Dm7-Linie im nächsten Beispiel ist ein Tonleiterlauf von der 5. bis zur 7. des Dm7-Akkords mit einer Durchgangsnote zwischen F und E. Da es nicht möglich ist, eine chromatische Note dazwischen hinzuzufügen, habe ich ein G (die diatonische Note über F) hinzugefügt. Höre hin, wie natürlich dieser Ansatz klingt.

Der Übergang zum G7 erfolgt mit einem Zwei-Noten-Enclosure. C und A# umschließen das B, das auf Taktschlag 1 von Takt 2 fällt. Die Linie setzt sich mit einem weiteren Enclosure fort, das auf ein D abzielt – die 5. von G7. Vom D aus folgt die Linie einem 1 2 3 5 Pattern; ein durchgehendes Ab führt zu einem G über dem Cmaj7-Akkord (der 5. von Cmaj7). Die kurze Melodie am Ende verwendet Noten aus einem Em7-Arpeggio.

Beispiel 2k

Wenn man einen aufsteigenden Tonleiterlauf mit einem Zwei-Noten-Enclosure beginnt, ist das eine gute Möglichkeit eine Phrase aufzubrechen wenn sie im Wesentlichen ein Tonleiterlauf ist. In Takt 1 ist die Melodie ein Tonleiterlauf von D nach A, aber dem D geht ein E- und C#-Enclosure voraus.

Die Bewegung zum G7 wird mit der Durchgangsnote Ab erreicht. Über dem G7-Akkord befindet sich ein G7-Arpeggio mit einem E zwischen F und D. Vor dem tiefen B am Ende des Taktes befindet sich ein weiteres Zwei-Noten-Enclosure, bei dem ein C und A# hinzufügt wird.

Dann löst sich die Melodie zur 5. (G) von Cmaj7 auf und kommt über einen Tonleiterlauf hinunter zur 3. (E) zur Ruhe.

Beispiel 2l

Beispiel 2m verwendet das Zwei-Noten-Enclosure an mehreren Stellen. Zuerst umkreist es das F über dem Dm7 in Takt 1 und bricht erneut einen vorhersehbaren Tonleiterlauf auf. Am Ende des Taktes werden C und A verwendet, um das B über dem G7-Akkord zu umschließen. Die Linie springt von B nach D und steigt dann entlang der Tonleiter ab, wobei ein D# hinzufügt wird, um auf die Terz (E) von Cmaj7 zu zielen. Um die Note E wird ein F- und D#-Enclosure verwendet.

Der letzte Teil des Licks über dem Cmaj7-Akkord enthält ein weiteres Enclosure, das auf die 5. (G) mit einem A und einem F# abzielt.

Beispiel 2m

Vier-Noten-Enclosures können auf zwei Arten funktionieren. Sie können einem Akkordton vorausgehen, um einen schwebenden Klang zu erzeugen oder sie können als Mittel zum „Ziehen" in Richtung des Akkordtons, den du auflösen möchtest, verwendet werden.

In Beispiel 2n verwendet die Dm7 Linie den ersten dieser Ansätze. Das Fmaj7-Arpeggio, das mit Taktschlag 3 beginnt, wird durch das chromatische Enclosure, das die erste Hälfte des Taktes ausfüllt, unterbrochen.

Diese Linie führt in den G7-Takt, indem sie das D (5.) umschließt. Der erste Teil der Linie in Takt 2 ist ein Fragment der G-Dur-Pentatonik, dem ein weiteres Enclosure folgt. Der zweite Ansatz kommt dann ins Spiel, wenn das Enclosure eine Spannung erzeugt, die zu einer auflösenden Note über Cmaj7 führt.

Beispiel 2n

Die nächste Line verwendet ein absteigendes Dm7-Arpeggio, das sich in ein chromatisches Enclosure bewegt, das auf ein F (7. von G) abzielt. Über den G7-Akkord geht die Linie mit einer Umkehrung eines Fmaj7 Arpeggios weiter. Das Ergebnis ist ein G7sus4-Sound. Es folgt eine klischeehafte G7-Durchgangsnoten-Phrase.

Möglicherweise bist du mit der letztgenannten Bebop-Linie bereits vertraut. Analysiert mit der Barry Harris-Methode, handelt es sich um einen Tonleiterlauf von G nach E. Ein Gb wird zwischen G und F eingefügt, und ein G zwischen F und E. Dieser Teil des Licks endet auf einem E, das sich zum Cmaj7 auflöst.

Über den Cmaj7 Akkord geht die Melodie mit einem Fragment der E-Blues-Tonleiter weiter. In diesem Zusammenhang fungiert die Blue Note (A#) als chromatische Durchgangsnote zwischen A und B.

Beispiel 2o

Beispiel 2p beginnt mit einem chromatischen Enclosure, das an Pat Methenys chromatische Linien erinnert. (Pat verwendete die Chromatik intensiv zur Zeit seines *Question and Answer*-Albums). Vom Enclosure aus geht die Linie in ein 1 2 3 5 D-Moll-Pattern über, in diesem Fall absteigend gespielt.

Die über dem G7-Akkord gespielte Linie ist durch die Kombination der E-Moll-Pentatonik mit einem chromatischen Enclosure, das auf das D (9. von Cmaj7) abzielt, entstanden. Dies ist ein weiteres Beispiel dafür, wie ein Enclosure Spannung erzeugen kann, um zu einer Auflösung über dem I-Akkord zu führen. Die Linie endet mit einem absteigenden Em7-Arpeggio über Cmaj7.

Beispiel 2p

Das letzte Beispiel dieses Kapitels veranschaulicht, was passiert, wenn ein Enclosure weiter weg von den betonten Taktschlägen des Taktes ist. In Takt 1 umschließen Zwei-Noten-Enclosures den Grundton und die Terz von Dm7. Höre, wie dies das Arpeggio auflöst. Der amerikanische Pianist Charlie Banacos lehrte diesen Ansatz, der unter anderem die Stile von Mike Stern und Michael Brecker beeinflusste. Dies ist eine interessante Idee, die du erforschen solltest, auch wenn sie die Tonart C-Dur ein wenig ignoriert!

Die Linie in Takt 2 beginnt auf der 3. des G7 (B) und geht zur 5. (D) über, wobei der G7-Sound klar hervorgehoben wird. Das chromatische Enclosure in diesem Takt wird auf Taktschlag 2 platziert, so dass es sich auf Taktschlag 4 auflöst. Dadurch bleibt eine chromatische Note auf Taktschlag 3, einem betonten Taktschlag im Jazz. Dadurch erhält die Linie eine unaufgelöste Qualität, was wieder mal an Metheny erinnert. Wenn diese Idee im gesamten Solo verwendet wird, wirkt alles etwas freier da die melodischen Linien weniger mit den darunter liegenden Akkorden verbunden klingen. So wird ein modernerer Klang erreicht.

Beispiel 2q

Kapitel-Hausaufgaben

Schreibe eine Phrase von fünf oder mehr Licks über eine Sequenz oder ein kurzes Solo mit:

- Chromatischen Durchgangsnoten. Versuche, dies auf andere Tonleitern anzuwenden, wie z. B. Harmonisch Moll oder einen Akkordklang, den ich nicht besprochen habe.

- Experimentiere mit Zwei-Noten-Enclosures und nutze aus, dass sie einen natürlichen Fluss von Drei-Noten-Gruppierungen erzeugen, um den rhythmischen Fluss aufzubrechen.

- Konzentriere dich darauf, Enclosures zu verwenden, um einen schwebenden Klang des Akkords zu erzeugen.

- Konzentriere dich auf die Verwendung von Enclosures, um eine Spannung zu erzeugen, die den Übergang zum nächsten Akkord erleichtert.

- Experimentiere mit der Kombination von Zwei- und Vier-Noten-Enclosures, um längere, „offenere" Klangstrukturen zu schaffen, die mehr rhythmische Freiheit bieten.

Chromatische Enclosures und Durchgangsnoten sind ein großer Teil des Sounds, den wir mit der melodischen Sprache von Bebop und Hardbop verbinden. Achte jedoch darauf eine gewisse Kontrolle darüber auszuüben wie du sie verwendest: Beachte, dass ihr Hauptzweck darin besteht auf Skalen-/Akkordtöne zu zielen.

Kapitel Drei – Harmonisch Moll auf der V

Bisher haben wir die unveränderte Dur-Tonleiter erkundet und chromatische Durchgangsnoten hinzugefügt, um mehr Spannung und Auflösung zu erzeugen. Der nächste Ort, den wir erkunden, um unsere Improvisation über das II V I auf ein höheres Niveau zu bringen, ist die Harmonisch Moll-Tonleiter, die eine reiche Quelle melodischer Entscheidungen sein kann.

Die von uns gespielten Jazzstandards wurden größtenteils von klassisch ausgebildeten Komponisten in der Tradition der Romantik geschrieben. Viele der verwendeten harmonischen Mittel ähneln denen von Chopin, Schubert und Berlioz – so kann uns das Hören von klassischer Musik neben dem Jazz viel über beide Stile beibringen. Historisch gesehen ist Jazz-Harmonie die Kombination von Romantik-Harmonie mit einer zusätzlichen Wendung, die durch die Mischung mit dem Blues erreicht wird.

Alle folgenden Beispiele werden in der Tonart F-Dur sein und der dominante V-Akkord wäre normalerweise ein normaler C7 Akkord. Wir werden uns jedoch den Dominant-Septakkord von der F-Harmonisch Moll-Tonleiter leihen, wodurch ein erweiterter C7b9b13 Akkord entsteht.

Normalerweise, wenn man über dem C7-Akkord in der Tonart F spielt, würden die meisten Gitarristen C Mixolydisch (den fünften Modus der Dur-Tonleiter) „denken", aber da wir uns den C7b9b13-Akkord von F Harmonisch Moll leihen, können wir auf einige weitere interessante Sounds zugreifen. Es ist sinnvoll, dass wir den fünften Modus der Harmonisch Moll-Tonleiter nutzen können, um über diesen Akkord zu solieren. Einige Leute nennen diese Tonleiter C Mixolydisch b9 b13, aber *Phrygisch Dominant* ist ein gebräuchlicher Name, da er die gleichen Intervalle wie Phrygisch, aber mit einer großen Terz, hat.

Die folgende Tabelle vergleicht die C-Mixolydisch-Tonleiter (F-Dur gespielt ab der 5. Stufe) mit C Phrygisch Dominant (F Harmonisch Moll-Tonleiter, gespielt ab der 5. Stufe).

C Mixolydisch	C	D	E	F	G	A	Bb
C Mixolydisch (b9, b13)	C	Db	E	F	G	Ab	Bb

Der unveränderte C-Mixolydisch-Modus gibt uns einige schöne erweiterte Noten zum Improvisieren – die 9. (D), 11. (F) und 13. (A). Aber die von der Harmonisch Moll-Tonleiter produzierte modale Tonleiter enthält ein b9 (Db) und ein b13 (Ab), die Spannungen erzeugen und stärker zu einer Auflösung ziehen. Dies macht die Tonleiter ideal, um mehr Spannung und Interesse an unserer II V I Sequenz zu erzeugen. Es erzeugt einen Klang, den die Menschen nicht erwarten, zu hören. Betrachten wir die F-Harmonisch Moll-Tonleiter in der 8. Position.

Beispiel 3a – Harmonisch Moll

Für das übermäßige 2. Intervall zwischen den Noten Db und E musst du weit greifen und das kann diese Tonleiter etwas schwierig machen, wenn man sie in einem Drei-Noten-pro-Saite-Pattern spielt. Also spiele das obige Beispiel langsam durch. Versuche auch, es in Terzen zu spielen, um den Klang in deinen Kopf zu integrieren und zu lernen, wo die Intervalle liegen.

Achte darauf, dass du die Noten lernst, die du spielst und nicht nur das Pattern. Wenn du die Noten kennst, wirst du es später viel einfacher finden, Linien mit der Tonleiter zu komponieren und du wirst verstehen welche Noten in der Tonleiter sich auf die Akkorde beziehen, über die du improvisierst.

Wenn du mit dem Klang der Tonleiter vertraut bist, ist der nächste Schritt die Dreiklänge zu berücksichtigen, die sie erzeugt. Dies führt zu mehr Material, das bei der Erstellung von melodischen Linien verwendet werden kann. Beispiel 3b zeigt die diatonischen Dreiklänge der F-Harmonisch Moll Skala, die als Tonleiterübung geschrieben sind. Das Durchspielen wird eine immense Hilfe bei der Entwicklung interessanter melodischer Ideen sein, so dass es nicht so klingt, als ob man einfach nur auf und ab spielt. Soli, die nur skalische Ideen in 1/8 Noten enthalten, werden ziemlich schnell langweilig!

Beispiel 3b – Harmonisch Moll-Dreiklänge

Wir können diese Idee weiterentwickeln, indem wir die gleiche Übung mit diatonischen 7. Akkorden durchführen und Arpeggien erstellen.

Beispiel 3c – Harmonisch Moll diatonische Arpeggien

Nachdem du alle oben genannten Arpeggien durchgespielt hast, kannst du wahrscheinlich die Arpeggien hören, die am nützlichsten sind, wenn du über einen C7-Akkord spielst. Das bedeutet nicht, dass du keine der anderen Arpeggien verwenden kannst, aber die, die ich unten ausgewählt habe, werden einen C7 (b9, b13) Sound erzeugen. Die Arpeggien, die ich empfehle, sind:

- Cmaj

- Edim

- Gdim

- Abaug

- Bbdim

- C7

- Edim

- Abmaj7#5

Beispiel 3d – Nützliche Arpeggien zum Spielen über C7

Beispiel-Linien mit diesen Konzepten

Lass uns hören, wie diese Konzepte in der Praxis klingen. Beispiel 3e verwendet ein einfaches Gm7-Arpeggio, dem ein schönes Enclosure des Grundtons vorausgeht. Das bedeutet, dass der Grundton auf den „2-und"-Taktschlag fällt, was es rhythmisch interessanter macht. Der Rest der Linie verwendet nur Gm7-Arpeggio-Noten und umschließt eine C-Note (die Terz von Fmaj7). Die Dominant-7.-Linie ist ein Tonleiterlauf aus der Harmonisch Moll Skala, der die b9 betont. Es folgt ein C7-Arpeggio. Es löst sich zur 5. von Fmaj7 auf und benutzt die b9, um etwas Spannung zu erzeugen.

Beispiel 3e

Eine der im Bebop häufig verwendeten melodischen Kontrapunkt-Regeln ist, dass ein großes Intervall in einer Richtung am besten mit einer schrittweisen Bewegung in die entgegengesetzte Richtung aufgelöst werden kann. Dies wird in Beispiel 3f veranschaulicht. Die Linie beginnt mit einem Sprung vom Grundton des Gm7-Akkords bis zur Quinte, steigt dann bei Taktschlag 3 auf eine A-Note ab und zeigt anschließend das bekannte Coltrane 1 3 4 5-Moll-Muster von einem A zu einem D.

Die Dominant-7-Linie in diesem Beispiel verwendet einen üblichen „Trick" – der darin besteht, sowohl die #9 als auch die b9 hinzuzufügen. In diesem Fall ist die #9 ein Eb, das über dem C7-Akkord großartig klingt. Es funktioniert ein wenig wie eine chromatische Durchgangsnote, da es gut zu E – der 3. von C7 – führt. Die Linie wird durch einen absteigenden Tonleiterlauf bis zur Terz von Fmaj7 (A) aufgelöst.

Beispiel 3f

Im nächsten Beispiel umschließt das über Gm7 gespielte Lick den Akkordton mit einer diatonischen Note darüber und einer chromatischen Note darunter. Die gleiche Idee wird zuerst auf den Grundton und dann auf die Terz angewendet.

Die Linie über dem C7-Akkord steigt in diatonischen Terzen von E ab, dann steigt sie auf einen übermäßigen Ab Dreiklang, der sich gut in ein G auflöst, was auf einen Fmaj9-Akkord hindeutet.

Beispiel 3g

Beispiel 3h beginnt mit zwei Arpeggien: einer Schichtung von 4., die auf einem C beginnt, gefolgt von einem Bbmaj7-Arpeggio. Über dem C7-Akkord befindet sich ein vermindertes E-Arpeggio – das Hauptarpeggio, das mit dieser Art von Jazz in Verbindung gebracht wird – das als Inversion ab G gespielt wird.

Beachte, dass der Übergang von Gm7 zu C7 mit einem kurzen Motiv erfolgt. Das absteigende Bbmaj7 Arpeggio-Thema wird mit dem absteigenden verminderten E-Arpeggio wiederholt. Dies ist ein anderer Ansatz, um von einem Akkord zum nächsten zu wechseln, indem man die Akkordtöne gezielt einsetzt. Es ist gut, sowohl motivbasierte als auch zielorientierte Notenideen in deinem Linien-Arsenal zu haben.

Die Auflösung von C7 bis Fmaj7 erfolgt über ein chromatisches Enclosure einer A-Note – die Terz von Fmaj7.

Beispiel 3h

Gm7　　　　　　　　　　　　　　C7　　　　　　　　　　　　　　Fmaj7

```
T  |--------10-11--8--10--6------|--8--5-----------------|-------------|
A  |--10--10-----------------7---|------6-----5--6-------|-------------|
B  |-----------------------8-----|--------8---------8--6-|--7----------|
```

Im nächsten Beispiel ist die erste Note eine Durchgangsnote, die zur 3. von Gm7 führt. Von dort aus folgt es einem absteigenden Gm7-Arpeggio. Die Linie wendet die Regel an, dass ein großer Intervallsprung mit einer schrittweisen Bewegung in die entgegengesetzte Richtung ausgeglichen werden sollte – aber diesmal ist es ein absteigendes Arpeggio und keine Tonleiterbewegung.

Die über C7 gespielte Linie nutzt den übermäßigen Ab-Dreiklang (aus der früheren Liste der empfohlenen Optionen) und kombiniert sie mit einem verminderten E-Arpeggio. Die oberen Noten der beiden Formen bewegen sich schrittweise und verbinden die Melodie mit dem C7-Akkord. Das tiefe Db im verminderten Arpeggio löst sich natürlich auf zu seinem benachbarten C – der 5. von Fmaj7.

Beispiel 3i

Gm7　　　　　　　　　　　　　　C7　　　　　　　　　　　　　　Fmaj7

```
T  |--10-11--13-10--11------10-11--|--13--9----------11--8--------|-------------|
A  |-------------12-----------------|--------9-----------------9---|-------------|
B  |-------------------------------|---------10----------11-----10-|-------------|
```

Das Spielen eines Arpeggios von der 5. des II. Akkords ist eine fantastische Möglichkeit, die 3. des folgenden V-Akkords ins Visier zu nehmen. Für die Ohren klingt es wie ein Vorhaltakkord, aber ohne sich sehr weit von der Tonart zu entfernen. Die Linie über dem Gm7 steigt schrittweise bis zur 3. von C7 ab.

Die Linie über dem C7-Akkord beginnt mit einem verminderten E-Arpeggio und setzt sich mit einem C7-Arpeggio fort. Die Linie wird durch die Note Ab aufgelöst, die sich einen Halbton nach oben zu A – der Terz von Fmaj7 – bewegt.

Beispiel 3j

Ein nützliches Konzept, um mehr Variation in deine melodischen Linien zu bringen, ist die Verwendung von Dreiklängen, die in verschiedenen Mustern angeordnet sind. Beispiel 3k beginnt mit einem G-Moll-Dreiklang, der in einer 3 1 3 5 Sequenz gespielt wird. Er geht weiter in ein Quarten-Arpeggio, das von einem G ausgeht und das gleiche Pattern verwendet. Der Effekt ist, dass ein sich wiederholendes Thema entsteht.

Diesmal haben wir über dem C7-Akkord ein Bbm7b5 Arpeggio. Streng genommen ist Bbm7b5 kein diatonischer Akkord der F-Harmonisch Moll Skala, aber es ist möglich dieses Arpeggio mit Noten aus der Tonleiter zu konstruieren. Nachfolgend wird dies durch die Darstellung der F-Harmonisch Moll-Tonleiter von Bb veranschaulicht.

F Harmonisch Moll (von Bb)	Bb	C	Db	E	F	G	Ab
Bbm7	Bb		Db		F		Ab
Bbm7b5	Bb		Db	E			Ab

Die Verwendung von Bbm7b5 über dem C7-Akkord legt die Intervalle der b7, b9, 3 und #5 fest. Sie klingen großartig!

Einige tolle Linien können erzeugt werden, indem man sich die Noten in einer Tonleiter ansieht und schaut, welche anderen Arpeggien durch das Stapeln von 3. konstruiert werden können (ein Thema, auf das ich in den Kapiteln zu alterierten und verminderten Tonleitern später im Buch zurückkommen werde).

Hier setzt sich das Arpeggio Bbm7b5 in einen übermäßigen Ab-Dreiklang fort, der sich zur 3. (A) von Fmaj7 auflöst.

Beispiel 3k

Über einen II. Akkord ist es ein übliches Bebop-Mittel, sich der Terz chromatisch von einem Ganzton von oben zu nähern. Im folgenden Beispiel ist dies der chromatische Abstieg von C nach Bb.

Die Linie, die über dem C7-Akkord gespielt wird, ist mit verminderten G- und übermäßigen Ab-Dreiklängen konstruiert. Solche Dreiklänge bilden eine sehr starke melodische Struktur und sind ein vertrauter Klang für unsere Ohren. Moderne Jazz-Saxophonisten wie George Garzone und Michael Brecker arbeiten oft solo mit Dreiklangpaaren, die keine gemeinsamen Töne haben, was einen kantigen, unaufgelösten Klang erzeugt. Hier benutze ich den verminderten G-Dreiklang in Grundton-Position und den übermäßigen Ab-Dreiklang in erster Inversion. Die Linie wird zur 9. (G) von Fmaj7 aufgelöst.

Beispiel 3l

Die nächste Linie verwendet ein Dm7-Arpeggio über dem II. Akkord, das auf die 3. von Gm7 (Bb) zielt. Es springt dann zu einem D, um dann die Tonleiter abzusteigen. Diese Bewegung ermöglicht es, dass die Linie schön auf dem b13 (Ab) von C7 endet. Das b13 betont wirklich den dominanten Klang, der dem F-Harmonisch Moll entlehnt ist.

Die Linie über dem C7-Akkord verwendet das exotischere Abmaj7#5(9) Arpeggio, das bis zur 11. (Db) reicht. Von dort aus wird ein aufsteigender chromatischer Ansatz verwendet, um sich zur 5. (C) von Fmaj7 aufzulösen.

Beispiel 3m

Im letzten Beispiel dieses Kapitels werde ich eine andere Art der Verwendung eines Dm7-Arpeggios auf dem Gm7-Akkord demonstrieren. Diesmal habe ich die 3. (Bb) von Gm7 weggelassen, was die Linie sofort offener klingen lässt. Isoliert könnte es wie ein G7sus4-Akkord klingen, das ist aber in Ordnung, wenn wir es im Zusammenhang mit unserer Tonart F-Dur hören. Wir können solche herausfordernden Linien spielen, solange wir uns ihrer Gesamtwirkung auf die Musik bewusst sind.

Auf dem C7-Akkord besteht die Linie aus einem Paar diatonischer 3., dann einem C7#5-Arpeggio. Letzteres ist ein weiteres nützliches Arpeggio, das nicht diatonisch zur F-Harmonisch Moll ist, aber aus einem C7-Dreiklang mit einer zusätzlichen übermäßigen 5. konstruiert werden kann.

Beispiel 3n

Kapitel-Hausaufgaben

Schreibe eine Phrase von fünf oder mehr Licks über eine Sequenz oder ein kurzes Solo mit:

- Dem verminderten Arpeggio, das auf der 3. des V-Akkords aufgebaut ist (E wurde in den Beispielen über C7 vermindert).

- Experimentiere mit einigen der Dreiklangpaaren, die den Harmonisch Moll-Klang deutlich vermitteln. Z. .B. Gdim, Abaug, C und Db.

- Schreibe einige Linien mit dem C7#5 Arpeggio.

- Spiele über den II. Akkord die pentatonische Tonleiter vom Grundton des II. oder VI. Akkords.

- Erstelle einige Licks mit dem Bbm7b5 Arpeggio über dem C7.

Konzentriere dich wie immer mehr auf die Melodie als auf die Art des Arpeggios, das du verwendest.

Kapitel Vier – Alterierte Tonleiter

Die alterierte Tonleiter ist der siebte Modus der Melodisch Moll-Tonleiter und eine der am häufigsten verwendeten Tonleitern, wenn man über Dominant-Akkorde improvisiert. Typischerweise wird sie über einem alterierten Dominant-Akkord verwendet und erzeugt einen spannungsreichen Klang, der dann aufgelöst wird, wenn die Sequenz zum I-Akkord übergeht.

Wenn dir Improvisation mit der alterierten Tonleiter neu ist, kann es zunächst schwierig sein, daraus einen melodischen Sinn zu machen. Es ist ungewohnt, an alterierte Erweiterungen zu denken und wir haben oft keine wirkliche Ahnung, wie sie klingen! In diesem Kapitel werden wir uns einige Arpeggien ansehen, die aus der alterierten Tonleiter extrahiert wurden und gut über alterierten Dominant-Akkorden funktionieren. Die Beispiele helfen dir nicht nur, dich an den Klang zu gewöhnen, sondern liefern dir auch klare Beispiele, wie du starke melodische Linien komponieren kannst.

Wir werden in der Tonart Eb-Dur arbeiten, so dass alle Beispiele über Bb7alt (dem Dominant-Akkord von Eb) mit der alterierten Bb-Tonleiter gespielt werden.

Beispiel 4a – Bb Alterierte Tonleiter

Die Bb alterierte Tonleiter ist der siebte Modus von B Melodisch Moll, also lass uns der Einfachheit halber die Dreiklänge und Arpeggien untersuchen, die wir in Bezug auf B-Moll verwenden können.

Zunächst sind hier die diatonischen Dreiklänge:

Beispiel 4b – Diatonische Dreiklänge

Wie in den vorangegangenen Kapiteln können wir diese zu diatonischen 7. Arpeggien erweitern.

Beispiel 4c – Diatonische 7. Arpeggien mit 7.

Die Suche nach einem guten diatonischen Arpeggio!

Auch wenn wir diese Tonleiter über einem B-Dominant-Akkord spielen wollen, musst du beachten, dass es kein Bb7 diatonisches Arpeggio in der Tonleiter gibt. Tatsächlich ist der Tonika-Akkord ein Bbm7b5, so dass es kein offensichtliches Go-to-Arpeggio gibt, das einen dominanten Klang umreißt. Aber wir können das in Ordnung bringen.

Die definierenden Töne eines Bb7alt-Akkords sind die 3. und 7. (F und Ab). Wenn wir also Arpeggien aus der Bb alterierten Tonleiter verwenden, die diese Intervalle enthalten, können wir in der Nähe des dominanten Sounds bleiben und einige coole alterierte Erweiterungen verwenden. Nur zwei Akkorde enthalten beide Noten: E7 und G#m7b5. (G# = Ab)

E7 ist die Tritonus-Substitution von Bb7.

G#m7b5 ist mit E7 verwandt, da es als Arpeggio betrachtet werden kann, das auf der 3. von E7 aufgebaut wurde. Von den beiden Optionen ist das G#m7b5 Arpeggio wahrscheinlich der beste Kandidat, um einen Bb7alt-Sound zu erzeugen.

Die folgende Tabelle zeigt, welche Intervalle von Bb7alt hervorgehoben werden, wenn du ein G#m7b5 Arpeggio spielst:

Arpeggio-Note	G#	B	D	F#
Verwandt mit Bb	b7	b9	3	b13

Wenn du bereits einige verschiedene Voicings eines Bb7alt-Akkords kennst, ist es sehr wahrscheinlich, dass eine davon schlicht G#m7b5 mit einem B im Bass ist.

Quarten-Arpeggien und Shell-Voicings können weitere melodische Optionen bieten. Unten habe ich sie so aufgeschrieben, dass sie auf den mittleren Saiten (D-, G- und B-Saiten) gespielt werden und zeige sie als Akkorde statt als Arpeggien, damit klar ist, wie sie gruppiert sind.

Beispiel 4d – Diatonische Quarten-Arpeggien auf dem mittleren Saitensatz

Gleiches gilt für Shell-Voicings. Ein Shell-Voicing besteht aus dem Grundton und den charakteristischen 3. und 7. Intervallen eines Akkords. Ein E7-Shell-Voicing wäre also E, G# und D. Ich habe diese auch als Akkorde auf dem mittleren Saitensatz aufgeschrieben. Aber du solltest sie sowohl als Akkorde als auch als Arpeggien durchspielen.

Beispiel 4e – Diatonische Shell-Voicings auf dem mittleren Saitensatz

Beispiele für alterierte dominante Linien

Nun haben wir einige Konzepte für die Improvisation über den alterierten Dominant-Akkord erforscht und können diese in melodische Beispiele über eine II V7alt I Sequenz übersetzen. Wir arbeiten in der Tonart Eb-Dur, also ist unsere Akkordfolge Fm7, Bb7alt, Ebmaj7.

Das erste Beispiel unten stellt den Klang der Akkorde mit relativ einfachen Mitteln heraus. Der Fm7-Akkord wird mit einem absteigenden Fm7-Arpeggio beschrieben. Ein Tonleiterlauf leitet die Melodie in den Bb7alt-Abschnitt über. Über dem Bb7alt-Akkord befindet sich ein Abm7b5-Arpeggio, gefolgt von einem kleinen Fragment, das die b9 und #9 betont, bevor es sich zur 5. (Bb) von Ebmaj7 auflöst.

Die letzten Noten über den Ebmaj7-Akkord stammen aus einem G-Moll-Dreiklang. (Beachte, dass ich mich auf den G#m7b5-Akkord als Abm7b5 beziehe. Es ist genau der gleiche Akkord, macht aber enharmonisch mehr Sinn, wenn es um einen Bb-Dominant-Akkord geht).

Beispiel 4f

Die Verwendung von Triolen zum Spielen von 7.-Arpeggien ist ein toller Bebop-Trick, der auch in einem moderneren Jazz-Kontext gut funktioniert. Beispiel 4g beginnt mit einem Abmaj7-Arpeggio über dem Fm7, wobei ein Leitton vor dem Grundton eingefügt wurde. Die Melodie betont die höchste Note des Arpeggios (G), welche die 9. des Fm7-Akkords ist und steigt dann in Form eines C-Moll-Arpeggios mit dem Coltrane-Pattern hinab.

Die über den Bb7alt Akkord gespielte Linie besteht aus einem Dmaj7#5-Arpeggio, gefolgt von einem Tonleiterlauf, der sich zur Terz (G) von Ebmaj7 hin auflöst. Die Melodie über dem Ebmaj7 Akkord ist ein Fragment der G-Moll-Pentatonik. Das Spielen der Moll-Pentatonik-Tonleiter ab der 3. kann sehr gut über Tonika-Dur-Akkorden verwendet werden.

Beispiel 4g

Beispiel 4h verwendet ein Shell-Voicing als Arpeggio. Die Linie beginnt auf der 5. von Fm7 und stammt von einem absteigenden F-Moll Dreiklang. Nach der 5. folgt die 3. von Fm7, danach folgt ein Zwei-Noten-Enclosure des Grundtons.

Vom Grundton aus wird das F-Moll-Shell-Voicing gespielt, das dann in den Bb7alt-Akkord führt. Über dem Bb7alt Akkord basiert die Linie auf einem Abdim-Dreiklang, der auf einem D beginnt und zu Bb hinunter springt. Danach kehrt die Linie zu D zurück und steigt die Tonleiter hinab, um sie zur Terz (G) von Ebmaj7 aufzulösen. Über dem Ebmaj7 springt die Linie von G nach D und endet auf der 6. (C) von Ebmaj7.

Beispiel 4h

Das nächste Beispiel ist ein Fm7-Arpeggio, das ausgehend von der 3. des Akkords gespielt wird. Die Linie beginnt mit einem Tonleiterlauf von Eb bis G und danach wird ein Abmaj7-Arpeggio abwärts gespielt. Die Linie geht dann beim Bb7alt Akkord zur Note Bb über. Das Bb wird als Leitton für einen E-Dur-Dreiklang in 2. Umkehrung verwendet. Die Linie setzt sich in einer Melodie fort, die aus einem F#sus4-Dreiklang aufgebaut ist und verwendet ein Ab, um sich zum Bb über dem Ebmaj7 aufzulösen. Die Melodie über dem Ebmaj7-Akkord ist ein G-Moll-Dreiklang, gefolgt von einem F – der 9. von Ebmaj7.

Beispiel 4i

Die Andeutung von Übergangs-Akkorden, die nicht aufgeschrieben sind, ist eine gute Möglichkeit, um Bewegung in Richtung eines Akkordwechsels zu erzeugen. In Beispiel 4j beginnt die Linie in Takt 1 mit einer Fm7-Arpeggio-Linie. In Takt 2 ist ein Abm7b5-Arpeggio, das über dem Bb7alt Akkord gespielt wird. Um diese beiden Ideen zu verbinden, haben wir in der zweiten Hälfte von Takt 1 ein Gm7-Arpeggio. Der Effekt ist eine starke Bewegung vom Fm7- zum Bb7alt-Akkord.

Die Bb7alt Linie verwendet weiterhin ein Motiv aus diatonischen Terzen, um sich zum G über den Ebmaj7 Akkord aufzulösen. Die Linie endet auf einem F, der 9. von Ebmaj7.

Beispiel 4j

Der Anfang dieses nächsten Beispiels ist eine schöne Art, chromatische Noten hinzuzufügen, um Arpeggio-Noten zu verbinden. In Takt 1 dient das Hinzufügen chromatischer Durchgangsnoten dazu, das Fm9-Arpeggio zu verzieren. Die Verwendung von 16tel Noten macht den Rhythmus interessanter.

Von der letzten Note F des ersten Taktes bewegt sich die Linie einen Halbton nach oben zu Gb, springt dann hoch zu D und macht einen kleinen Lauf, um auf ein B auf Taktschlag 3 zu landen. Die zweite Hälfte des zweiten Taktes ist ein einfacher B-Moll-Dreiklang, aber gespielt über einen Bb7alt-Akkord erzeugt er b9 (B), 3. (D) und b13 (Gb) Intervalle. Das hohe B löst sich zu einem Bb über dem Ebmaj7 auf und die Linie endet auf einem D mittels einer Eb-Durchgangsnote.

Beispiel 4k

Linien können durch die Einführung rhythmischer Variationen interessanter gestaltet werden. Im nächsten Beispiel wird eine Achtel-Triole für die chromatischen Durchgangsnoten verwendet, die die Melodie einleiten. Es folgt ein Zwei-Noten-Enclosure, das auf ein Ab im Taktschlag 3 abzielt, dann steigt die Linie einen C-Moll-Dreiklang hinab.

Die Linie über dem Bb7alt-Akkord besteht aus zwei Arpeggien – Bm(maj7) und Abm7b5 – und endet auf einem F über dem Ebmaj7. Es folgt ein Skalenfragment, das zum F zurückkehrt.

Beispiel 4l

Die Linie in Takt 1 von Beispiel 4m ist ein Tonleiterlauf, der die Zielnote Ab umschließt und dann zum C absteigt. Über den Bb7alt-Akkord wird ein 16tel-Triller gespielt, der auf eine D-Note abzielt. Vom D steigt die Linie die Tonleiter nach B hinab. Die letzten drei Noten bilden ein übermäßigen D-Dreiklang, der sich schön zur 9. (F) von Ebmaj7 auflöst. Die Auflösung von übermäßigen Dreiklängen ist ein gängiges Bop-Merkmal, das sich in modernere Stile übertragen hat. In diesem Fall wird dies durch die Auflösung von b13 (Gb) nach F erreicht.

Beispiel 4m

Beispiel 4n beginnt mit einem einfachen F-Moll-Dreiklang, der in einem 5 1 3 5 Pattern neu angeordnet ist, gefolgt von einem absteigenden Tonleiterlauf. Ein E7-Arpeggio, vom Grundton runter bis zur Terz, wird über den Bb7alt-Akkord gespielt, um einen verminderten Quinten-Sound zu erzeugen. Die Linie verschiebt sich zu einem E-Dreiklang, bevor sie sich zur Terz (G) von Eb auflöst.

Beispiel 4n

Das letzte Beispiel dieses Kapitels beginnt mit einem chromatischen Vier-Noten-Enclosure (erläutert in Kapitel 2). In Beispiel 4o ist der Zweck des Enclosures die 3. des Fm7-Akkords bis zum Taktschlag 3 zu zurückzuhalten, bevor die Linie mit einem Abmaj7-Arpeggio fortgesetzt wird. Die über dem Bb7alt-Akkord gespielte Linie wird durch die Verschmelzung von Dmaj7#5 und Bm(maj7) Arpeggien konstruiert. Die Linie löst sich von B zum Bb beim ersten Taktschlag von Takt 3 auf. Die letzten beiden Noten (G und F) vermitteln den Klang eines Ebmaj7(9)-Akkords.

Beispiel 4o

44

Kapitel-Hausaufgaben

Schreibe eine Phrase von fünf oder mehr Licks über eine Sequenz oder erstelle ein kurzes Solo mit:

- Einem Abm7b5-Arpeggio über dem Bb7alt-Akkord.

- Komponiere einige Linien mit Variationen von Arpeggien, die auf E7 basieren – dem Tritonus von Bb7 – und höre dir an wie sie als alterierte Bb7 Linien funktionieren. Achte besonders darauf, wie das E in diesem Kontext funktioniert.

- Experimentiere mit Dmaj7-Shell-Voicings über dem Bb7alt-Akkord.

- Versuche verschiedene Arpeggien über Bb7alt zusammenzuführen, um neue Linien zu finden.

- Nimm die chromatische Leittonidee aus Beispiel 4k und wende sie auf Bb7alt und Ebmaj7 Linien an, wobei du die Akkordtöne verbinden solltest.

Kapitel Fünf – Verminderte Tonleiter auf dem Dom7.- Akkord

Die Halbton-Ganzton Tonleiter (Half-Whole Diminished Scale) ist eine ziemlich neue Ergänzung der westlichen Musik. Obwohl sie in alten Musikstücken auftauchte, wurde sie erst Ende des 18. Jahrhunderts zu einem geläufigen Mittel. Sie ist eine Achtton-Tonleiter mit symmetrischer, fast „mathematischer" Konstruktion, die sich in vielerlei Hinsicht von der tonalen Musik und der funktionalen Harmonie unterscheidet. Glücklicherweise interessiert uns das im Jazz nicht allzu sehr – wir kümmern uns nur darum, ob es gut klingt oder nicht! In vielen verschiedenen musikalischen Kontexten ist die verminderte Tonleiter ein wirksames Mittel, um Farbe und Spannung hinzuzufügen.

Die verminderte Tonleiter kann als zwei ineinandergreifende verminderte 7. Akkorde betrachtet werden, die sich symmetrisch in kleinen 3.-Intervallen wiederholen. Eine der besten Möglichkeiten eine solche „künstliche" Tonleiter zu verwenden, ist die Auswahl und Isolierung der darin enthaltenen Dreiklänge. In diesem Kapitel werden wir Dreiklänge aus der verminderten Tonleiter verwenden, um Linien über dem Dominant-7.-Akkord in unserer II V I Sequenz zu erzeugen. Alle musikalischen Beispiele stehen in der Tonart Bb-Dur, so dass unsere II V I Sequenz Cm7 (II), F7 (V) und Bbmaj7 (I) ist.

Zuerst werfen wir einen genaueren Blick darauf, wie man einige nützliche verminderte Arpeggien extrahiert.

Konstruktion der verminderten Tonleiter

Die Halbton-Ganzton Tonleiter kann aus zwei verminderten Arpeggien, die einen Halbton Abstand haben, konstruiert werden. Um eine F verminderte Tonleiter zu konstruieren, kombiniere die verminderten F und Gb Arpeggien.

F vermindert: F Ab B D D

Gb vermindert: Gb A C Eb

Wenn wir die Töne aufsteigend ab F sortieren, ergeben sich die acht Noten der F Halbton-Ganzton Tonleiter: F Gb Ab A B C D Eb F

Die Formel der verminderten Tonleiter ist 1 b9 #9 3 b5 5 6 b7.

Eine Möglichkeit diese Tonleiter zu spielen, ist in Beispiel 5a dargestellt.

Beispiel 5a – Verminderte Tonleiter:

Um zu entdecken, welche anderen Arpeggien in der Tonleiter verborgen sind und uns für Solo-Ideen zur Verfügung stehen, können wir den symmetrischen Aspekt der Tonleiter ausnutzen. Da die Skala aus verminderten Arpeggien konstruiert ist, kann alles innerhalb der verminderten Tonleiter um kleine Terzen verschoben werden. Deswegen müssen wir nur die Akkorde betrachten, die wir auf den ersten beiden Noten (in diesem Fall F und Gb) aufbauen können und den Rest können wir durch Transponieren um kleine 3.-Intervalle finden.

Die Konstruktion von Akkorden ausgehend von F gibt uns diese Akkorde:

F	F	A	C	
Fm	F	Ab	C	
F(b5)	F	A	B	
Fdim	F	Ab	B	
F7	F	A	C	Eb
Fm7	F	Ab	C	Eb
F7(b5)	F	A	B	Eb
Fdim7	F	Ab	B	Eb

Diese Akkorde sind auch in Beispiel 5b dargestellt.

Beispiel 5b – Dreiklänge und 7.-Akkorde ausgehend von F in der verminderten Tonleiter:

Das Bilden von Akkorden ausgehend von der nächsten Note, Gb, ist etwas einfacher:

Gbdim	Gb	A	C	
Gbdim7	Gb	A	C	Eb
Gbdim(Maj7)	Gb	A	C	F

Diese Akkorde sind in Beispiel 5c dargestellt.

Beispiel 5c – Dreiklänge und 7.-Akkorde ausgehend von Gb in der verminderten Tonleiter:

Nun haben wir einen Überblick über die verschiedenen Arpeggien oder Akkorde, die in der Tonleiter enthalten sind. Vergiss nicht, dass sie auch auf den anderen Tonstufen zu finden sind – die Arpeggien für F finden sich auch auf Ab, B und D. Die Gb-Akkorde finden sich auch auf A, C und Eb.

Da die Tonleiter über einen F7-Akkord verwendet wird, ist es hilfreich zu wissen, wie sich die verschiedenen Noten auf den Grundton F beziehen, wie in der folgenden Tabelle dargestellt:

F	Gb	Ab	A	B	C	D	Eb
1	b9	#9	3	#11	5	13	b7

Diese Tonleiter enthält spannungsreiche Erweiterungen, wie die b9, #9 und 13. Ein Dominant-Akkord, der mit allen Erweiterungen versehen ist, wäre ein F13b9#11. Wenn das C (5.) weggelassen wird, ist es allerdings ein F7b5.

Der häufigste Klang, der mit dieser Tonleiter verbunden ist, ist wahrscheinlich der 13b9. Gitarristen betrachten dies üblicherweise als einen Upper-Structure-Dreiklang, der über einem Dominant-7.-Akkord platziert ist. Z. B. ist F713b9 ein D-Dur-Dreiklang über einem F7-Akkord, ausgeschrieben F A C Eb D Gb A.

Einige Voicings ohne Grundton von F13b9 sind im Beispiel 5d dargestellt.

Beispiel 5d – Verminderte Voicings

Dreiklänge

Dieses Kapitel konzentriert sich auf die Verwendung von Dur-Dreiklängen, um den verminderten Klang zu erzeugen. Die vier Dur-Dreiklänge sind F, Ab, B und D. Nachfolgend findest du einige Übungen, die dir helfen sollen an diesen Dreiklängen und ihren Umkehrungen zu arbeiten und sie miteinander zu verbinden, um deine eigenen Linien zu erstellen.

In Übung 5e habe ich die Dreiklänge über mehrere Saiten hinweg - aber in der gleichen Umkehrung - geschrieben.

Beispiel 5e – Dreiklänge in 2. Umkehrung

Beispiel 5f –Dreiklänge in Grundton-Position

Beispiel 5g – Dreiklänge in 1. Umkehrung

Eine weitere Möglichkeit, diese Dreiklänge zu üben, besteht darin, die Umkehrungen beliebig zu kombinieren, aber in der gleichen Position zu spielen. Beispiel 5h zeigt das Durchlaufen der Dreiklänge in einer einzigen Position, bevor man zur nächsten Position übergeht, um sie wieder zu durchlaufen. Alle Dreiklänge werden auf den Saiten D, G und B gespielt.

Beispiel 5h –Dreiklänge in Umkehrungen über das ganze Griffbrett spielen

Beispiel 5i zeigt eine Möglichkeit, die Dreiklänge miteinander zu verbinden, um über das ganze Griffbrett entlang zu improvisieren. Übungen wie diese sind eine gute Möglichkeit, um deine Fähigkeit zu testen, den nächsten Dreikläng in der Sequenz zu finden und eine sinnvolle Melodie zu erzeugen.

Beispiel 5i – Improvisierte Verbindung von Dreiklangumkehrungen

Beispiele für verminderte Tonleiter-Linien

Jetzt wo wir einige Arpeggio- und Dreiklangideen haben, mit denen wir arbeiten können, können wir sie nutzen, um melodische II V I-Linien zu erstellen.

Beispiel 5j beginnt mit einer Linie, die ein Cm7-Arpeggio mit einem Quarten-Arpeggio ab der 5. (G) des Cm7-Akkords kombiniert.

Für den F7-Akkord wird die verminderte Linie mit einem Ab-Dur-Dreiklang in 2. Umkehrung und einem D-Dur-Dreiklang in Grundtonposition gespielt. Die Linie löst sich mit einem kurzen Tonleiterlauf zur Terz (D) von Bbmaj7 auf.

Die Kombination der Dreiklänge Ab und D-Dur vermittelt den Klang eines F7 mit einer #9 (Ab), b9 (Gb) und 13 (D). Die Melodie zwischen dem Ab und dem D erzeugt einen Übergang mit Stimmführung zwischen den beiden, da das Ab zu A und das Eb zu D übergeht.

Beispiel 5j

Das zweite Beispiel zeigt, wie das „Schichten" von Dreiklängen zu interessanten, aber logisch klingenden Melodien mit einem ziemlich großen Umfang führen kann.

Über dem Cm7-Akkord wird die Linie durch die Verbindung von Gm7 und Ebmaj7-Arpeggien konstruiert. Die 5. und 7. von Gm7 werden verwendet, um das Eb zu umschließen.

Die F7-Linie ist aus Ab-Dur- und D-Dur-Dreiklängen aufgebaut. Der Ab-Dur-Dreiklang befindet sich in Grundtonposition und der D-Dur-Dreiklang in erster Umkehrung. Dadurch entsteht der Eindruck eines Ab7b9#11 Arpeggios. Beide Dreiklänge enthalten eine wiederholte Note, um den Takt zu füllen. Die Linie wird zur 9. (C) von Bbmaj7 aufgelöst.

Beispiel 5k

Die verminderte Tonleiter erschien zum ersten Mal im Jazz in der Bebop-Ära, wurde aber erst in der Hardbop-Phase üblich. Quartenharmonik wurde auch zu dieser Zeit populär – basierend auf geschichteten Quarten und nicht auf geschichteten Terzen, die die Grundlage der westlichen Harmonik bilden. Im Jazz wird die Quartenharmonik verwendet, um Akkorden eine andere Farbe zu verleihen und nicht um eine neue Art der Betrachtung von Harmonik zu schaffen.

Beispiel 5l beginnt mit einem Quarten-Arpeggio, das ausgehend von der 5. (G) des Cm7-Akkords gebildet wurde. Von hier aus geht die Linie mit einer C-Moll-Pentatonik-Melodie weiter. Diesmal kombiniert die über den F7-Akkord gespielte Linie B-Dur und D-Dur Dreiklänge. Der B-Dur Dreiklang gehört nicht ausschließlich zum verminderten Klang, sondern ist auch diatonisch zu F# Melodisch Moll (auch bekannt als alterierte F Tonleiter). Der B-Dur-Dreiklang gibt uns die Intervalle #11 (B), b7 (D#) und b9 (F#) relativ zum Grundton F. Zusammen mit dem D-Dur-Dreiklang haben wir auch eine 13. und eine 3.

Der Aufbau der Melodie ähnelt dem Beispiel 5j, wo der B-Dur-Dreiklang in der 1. Umkehrung mit dem D-Dur-Dreiklang mit Stimmführung verbunden ist. Die Linie löst sich schrittweise zur 5. (F) von Bbmaj7 auf.

Beispiel 5l

In Beispiel 5m beginnt die Linie mit einem Eb-Dur-Dreiklang (geformt auf der 3. von Cm7), gefolgt von einem G-Moll-Pentatonik-Fragment. Über dem F7-Akkord befindet sich ein D-Dur-Dreiklang in erster Umkehrung und ein Ab-Dur-Dreiklang in Grundtonposition. Du hast vielleicht bemerkt, dass ich den F-Dur-Dreiklang nicht oft benutze. Dieser Dreiklang fügt keine Farbe hinzu und es sind nur begrenzt viele 8tel Noten in einem 4/4-Takt verfügbar!

In diesem Beispiel basiert die Melodie auf der Verbindung der D- und Ab-Dur-Dreiklänge, indem sie die oberen beiden Noten des D-Dreiklangs mit den unteren beiden Noten des Ab-Dreiklangs verbindet. (Die letzten beiden Töne des Taktes könnten auch als die obersten Töne eines D-Dur-Dreiklangs betrachtet werden).

Beispiel 5m

Beispiel 5n verwendet ein ähnliches Mittel – die Verkettung von Dreiklängen, indem die letzten beiden Noten eines Dreiklangs verwendet werden, um die erste Note der nächsten zu umschließen.

Die Cm7-Linie ist ein einfaches Pattern eines Ebmaj7-Arpeggios, das auf der Terz von Cm7 gebildet wurde. Die Linie ist mit Legato-Technik ausgeführt, um es der rechten Hand zu erleichtern, die vielen Saitenwechsel zu spielen.

Für den F7-Akkord kombiniert die Linie D, Ab und zwei Noten eines B-Dur-Dreiklangs. Die D- und Ab-Dreiklänge befinden sich in Grundtonposition und die 5. von D-Dur wird verwendet, um zum Grundton des Ab-Dur-Dreiklangs zu führen. Die letzte Note des Ab-Dur-Dreiklangs könnte als seine 5. angesehen werden, ist aber auch die 3. von B-Dur. Die Linie endet mit einem B-Dur-Dreiklang in 2. Umkehrung, der sich zur 5. (F) von Bbmaj7 auflöst.

Beispiel 5n

Das Problem bei der Verwendung des Arpeggios auf der 5. eines Mollakkords ist, dass es die 3. nicht enthält. Die 3. ist aber ein wichtiges Intervall, um den Klang des Akkords zu beschreiben. Eine Standardmethode, um damit umzugehen, ist es, das Arpeggio zu verwenden, um die Terz zu umschließen, wie in Beispiel 5o gezeigt. Von der 3. geht die Linie mit einem absteigenden Tonleiterlauf bis zur 3. (A) von F7 weiter.

Die F7-Linie verwendet die erste Umkehrung von F-Dur- und B-Dur-Dreiklängen. Diese Kombination hebt die Erweiterungen #11 und b9 hervor. Die Linie verwendet die #9 und b9, um zur 7. (A) von Bbmaj7 aufzulösen.

Beispiel 5o

Ein Intervallsprung um eine 6. ist eine schöne Möglichkeit, um Variation zu einem Tonleiterlauf hinzuzufügen. Die in diesem Beispiel über den Cm7 gespielte Linie beginnt mit einem aufsteigenden 6. Intervall von G bis Eb. Die traditionelle Kontrapunktregel für eine solche Melodie verlangt, dass die Spannung des großen aufsteigenden Intervalls mit schrittweiser Bewegung in absteigender Richtung gelöst wird. Diese musikalische „Regel" gilt nicht immer für Jazz-Melodien, aber das folgende Beispiel zeigt, wie gut sie funktionieren kann.

Die über das F7 gespielte Linie nutzt ein F-Dur in Grundtonposition und ein D-Dur-Dreiklang in erster Umkehrung, um einen F713b9-Sound zu erzeugen. Die Linie wird über einem Eb zur 3. (D) von Bbmaj7 aufgelöst.

Beispiel 5p

Das Verzieren eines Arpeggios durch Hinzufügen von Tonleiternoten dazwischen kann eine gute Möglichkeit sein, um eine Melodie zu kreieren, die zwar die Akkordtöne auf dem Taktschlag hat, aber nicht allzu vorhersehbar klingt. In diesem Beispiel wird die Linie auf dem Cm7-Akkord auf diese Weise mit einem Cm9-Arpeggio konstruiert. Ein D wird in der unteren Oktave zwischen C und Eb hinzugefügt.

Auf dem F7-Akkord kombiniert die Linie B- und Ab-Dur-Dreiklänge. Beide sind in der ersten Umkehrung und verleihen zusammen mit den b9, #9 und #11 viel Farbe. Die Melodie löst sich zur Terz (D) von Bbmaj7 mittels F und Eb auf.

Beispiel 5q

Umkehrungen von Arpeggien bieten eine Menge Variationsmöglichkeiten hinsichtlich dem Hinzufügen von Intervallsprüngen. In Beispiel 5r enthält die Linie über Cm7 ein Ebmaj7-Arpeggio, das auf dem Grundton beginnt, aber zum G runterspringt und dann entlang des Arpeggio hinaufsteigt. Der Rest des Taktes ist ein einfaches Cm7-Arpeggio. Diese Art von Phrase ist bei George Benson und Grant Green sehr verbreitet. Tatsächlich ist Grant Greens Solo bei *I'll Remember April* ab dem Auftakt fast vollständig auf dieser Phrase aufgebaut.

In Takt 2 werden B-Dur- und A-Dur-Dreiklänge über dem F7-Akkord verwendet. Der B-Dur-Dreiklang befindet sich in Grundtonposition und der Ab-Dur-Dreiklang in zweiter Umkehrung. Die Verbindung zwischen den beiden ist die Eb-Note, die die Terz von B und die Quinte von Ab ist. Die Linie löst sich mittels eines B und Ab auf, die als chromatisches Enclosure der 7. (A) von Bbmaj7 wirken.

Beispiel 5r

Das Quinten-Arpeggio ist ebenfalls eine tolle, offene Klangstruktur, die auf einen Cm7-Akkord angewendet werden kann. Hier wird es ausgehend vom Eb verwendet und beschreibt einen Cm11-Klang. Dem Quinten-Arpeggio geht eine diatonisches Enclosure des Eb voraus.

Quinten-Arpeggios (Schichtungen von 5.) werden im Jazz immer häufiger als melodische Ideen verwendet. Du wirst hören, wie Jonathan Kreisberg und Kurt Rosenwinkel sie oft in ihren Soli verwenden und ich werde später in dieser Serie auf dieses Thema zurückkommen.

Die F7-Linie verwendet D- und B-Dur-Dreiklänge, um eine Linie zu erzeugen, die sich schnell vom tiefen Gb zum A bewegt, das eine 10. darüber liegt. Der D-Dur-Dreiklang befindet sich in erster Umkehrung und der B-Dur-Dreiklang in Grundtonposition. Die Linie endet mit einem Ab, das zur 7. (A) von Bbmaj7 führt.

Beispiel 5s

Kapitel-Hausaufgaben

Schreibe eine Phrase von fünf oder mehr Licks über eine Sequenz oder ein kurzes Solo mit:

- Ab- und D-Dur-Dreiklangpaaren

- Ab- und B-Dur-Dreiklangpaaren

- Versuche mit offenen oder „spread" (gespreizten) Voicings von Dreiklängen zu experimentieren.

- Schichte die Dreiklänge, um eine größere Struktur zu schaffen und sie übereinander zu legen.

- Verbringe Zeit damit, mit den Dreiklängen freie Improvisation zu üben, um sie besser zu verstehen und sie auf dem Griffbrett zu verbinden. Diese Übung wird sich auch für andere Tonleiterklänge als nützlich erweisen.

Kapitel Sechs – Spiel es in einem Blues

Dieses Buch hat eine breite Palette von Ideen abgedeckt, mit denen du über die II V I Sequenz improvisieren kannst. Um zu veranschaulichen, wie du sie alle in einem Musikstück zusammenbringst, habe ich ein Bb-Blues-Solo komponiert. Ziel dieses Stückes ist es zu zeigen, wie die Tonleiter- und Arpeggio-Konzepte in einem realistischen musikalischen Kontext angewendet werden können.

Lerne auf jeden Fall das volle Solo, aber es ist auch eine großartige Übung, alles aufzuschlüsseln und die Phrasen auszuwählen, die dich ansprechen. Nach der Transkription des Solos habe ich eine Takt-für-Takt-Analyse beigefügt, bei der du siehst, wie jede Linie aufgebaut ist. Aber schau selbst, ob du herausfinden kannst, was los ist, bevor du zu den Antworten übergehst! Das Solo wird wie ein Solo gespielt (d. h. es sind keine aneinandergereihten Übungen), daher konzentriere ich mich bei der Erläuterung der Linien darauf, die in diesem Buch behandelten Konzepte aufzuzeigen. Es gibt normalerweise mehr als eine Möglichkeit, über eine Phrase nachzudenken, die über einem Akkord gespielt wird, also sieh, ob du eine andere Interpretation als ich hast.

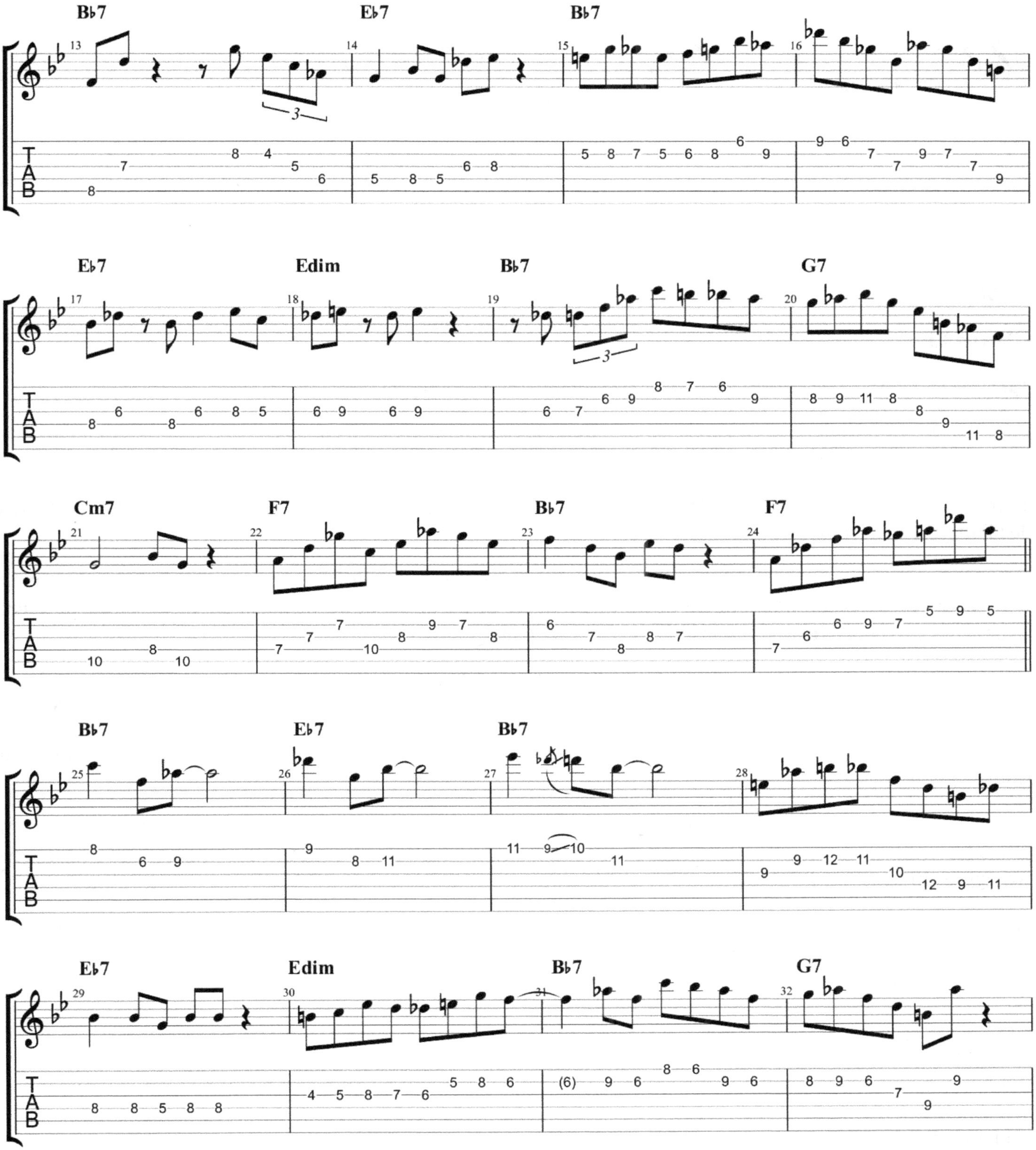
B♭7
E♭7
B♭7
E♭7
Edim
B♭7
G7
Cm7
F7
B♭7
F7
B♭7
E♭7
B♭7
E♭7
Edim
B♭7
G7

Soloanalyse

Chorus Eins

Takt 1 – Die Bb7-Linie basiert auf dem Arpeggio ab der 3. = Dm7b5

Takt 2 – Die Eb7-Linie besteht zunächst aus einem Eb-Dur-Dreiklang, dann aus einem absteigenden Gm7b5-Arpeggio (aufgebaut ausgehend von der 3. des Akkords).

Takt 4 – Verwendet Harmonisch Moll auf Bb7, um in Richtung Eb7 zu lenken (in diesem Fall durch Spielen des Pattern eines Ddim-Arpeggios).

Takte 5-6 – Dies ist ein sehr geläufiger melodischer Trick, bei dem ein Lick über dem Eb7-Akkord gespielt wird und über dem Edim-Akkord wiederholt wird. Über dem Edim Akkord wird das Lick leicht verändert, um es anzupassen. Das F in Takt 5 wird in ein E in Takt 6 ausgetauscht.

Takt 8 – Die G7-Linie ist eine schnelle Moll-II-V-Folge mit zuerst einem Dm7b5-Arpeggio und dann einem Bdim-Arpeggio.

Takt 9 – Die Cm7-Linie wird durch die Verbindung von Arpeggien auf dem 5. und 3. Intervall (Gm7 und Ebmaj7) konstruiert.

Takt 10 – Die alterierte F7-Linie kann auf zwei Arten analysiert werden: ein Ebm7b5-Arpeggio über dem gesamten Takt, oder ein Gbm-Dreiklang in der ersten Hälfte des Taktes und eine Umkehrung eines Ebm7b5-Arpeggios in der zweiten Hälfte.

Takt 12 – Die Linie über F7 verwendet die alterierte Tonleiter mit zwei Trillern und einem Tonleiterlauf mit einer chromatischen Durchgangsnote.

Chorus Zwei

Takt 13 – Verwendet ein diatonisches Abmaj7-Arpeggio ausgehend von der 7. von Bb7.

Takt 14 – Die Melodie besteht aus Eb7 Arpeggio-Noten.

Takt 15 – Ein chromatisches Enclosure zielt auf das F bei Taktschlag 3 und fügt in der zweiten Hälfte des Taktes ein Bb als Übergangsnote zwischen G und Ab hinzu.

Takt 16 – Deutet Bb7alt mit Dmaj7#5 und Abm7b5 in 1. Umkehrung in kaskadierenden Arpeggien an.

Takte 17-18 – eine kleine Melodie des dritten Intervalls bewegt sich durch die Tonleiter und wiederholt sich auf dem Edim-Akkord.

Takt 19 – Diese Linie ist ein Arpeggio aus der 3. von Bb7 mit einer chromatischen Durchgangsnote, die dem absteigenden Tonleiterlauf in der zweiten Hälfte des Taktes hinzugefügt wurde.

Takt 20 – In der zweiten Hälfte des Taktes befindet sich eine G7alt-Linie, um ein Fm7b5-Arpeggio herum.

Takt 22 – Die Linie F7 verwendet die verminderte Tonleiter. D-Dur- und Ab-Dur-Dreiklänge erzeugen einen F7(13b9#9) Sound.

Takt 24 – Der F7 alterierte Sound entsteht durch die Verbindung von Amaj7#5- und Gbm-Dreiklängen.

Chorus Drei

Takte 25-27 – Fm- und Gdim-Dreiklänge werden verwendet, um ein Thema über Bb7- und Eb7-Akkorde zu schaffen. Das Thema schließt mit einem einfachen Bb-Statement in Takt 27, das sich zurück zum Grundton löst.

Takt 28 – Die Linie über der Bb7-Linie verwendet E und Bb verminderte Tonleiterdreiklänge.

Takt 30 – Die Linie verwendet ein chromatisches Enclosure, um den Db bei Taktschlag 3 zu treffen, was die erste Note eines Dbdim-Dreiklangs ist.

Takt 32 – C Harmonisch Moll wird für den G7-Akkord verwendet. Die Melodie verwendet ein Bdim-Arpeggio.

Takt 33 – Die Melodie aus dem vorherigen Takt wird entwickelt und über das Cm7 mit Grundtönen wiederholt.

Takt 34 – Dies ist eine F7alt-Linie mit einem Gbm(maj7)-Arpeggio.

Takt 35 – Dies ist eine Bb7-Blues-Linie, die aus dem Bb7-Arpeggio mit einem Leitton vor der 3. besteht.

Takt 36 – Hier ist eine F7 alterierte Linie mit einem Ebm7b5 Arpeggio in erster Umkehrung, das bis zur 5. (F) von Bb7 springt, um das Solo zu beenden.

Schluss

In diesem Buch haben wir uns einige der wesentlichen Bausteine der zeitgenössischen Jazzgitarre angesehen, verkörpert von Gitarristen wie Kurt Rosenwinkel, Jonathan Kreisberg, Gilad Hekselman, Adam Rogers und anderen. Aufbauend auf dem Erbe der Jazzgitarrenlegenden, bringen diese modernen Gitarristen die Sprache der Jazzgitarre an neue Orte. Ich hoffe, ich habe dir einige nützliche Werkzeuge und Erkenntnisse vermittelt, die dir helfen diesen Sound für dich selbst zu kreieren.

Doch vor allem hoffe ich, dass ich den Wunsch geweckt habe, mehr zu spielen, zu experimentieren und diese Ideen zu deinen eigenen zu machen. Nichts ist in Stein gemeißelt. Zögere nicht, meine Ideen anzupassen, zu verändern und zu verschmelzen, bis sie deine musikalischen Vorlieben zum Ausdruck bringen und zu einem natürlichen Bestandteil *deines* musikalischen Vokabulars werden. Das ist der Punkt, an dem die Ideen aufhören, bloße Konzepte zu sein und zu echter Musik werden!

Viel Spaß und frohes Üben,

Jens

www.ingramcontent.com/pod-product-compliance
Lightning Source LLC
Chambersburg PA
CBHW081440090426
42740CB00017B/3374